RECURSO DE AMPARO

RECURSO DE AMPARO

Demanda de amparo ante la jurisdicción
contencioso-administrativa y ante
el Tribunal Constitucional

2.ª EDICIÓN 2023

**Obra realizada por el Departamento
de Documentación de Iberley**

Obra coordinada por
Carlos David Delgado Sancho
Inspector de Hacienda del Estado
Abogado

COLEX 2023

© Editorial Colex, S.L.
Calle Costa Rica, número 5, 3.º B (local comercial)
A Coruña, 15004, A Coruña (Galicia)
info@colex.es
www.colex.es

I.S.B.N.: 978-84-1194-174-7
Depósito legal: C 1712-2023

Materia de esta obra:
CONSTITUCIONAL

SUMARIO

ANEXO I. CASOS PRÁCTICOS

ANEXO II. FORMULARIOS

0.
INTRODUCCIÓN AL RECURSO DE AMPARO

¿Qué es el recurso de amparo?

El recurso de amparo es un procedimiento especial de carácter jurisdiccional cuyo objeto es el reconocimiento y restablecimiento, efectivo e inmediato, de los siguientes derechos y libertades: el principio de igualdad consagrado en el artículo 14, los derechos fundamentales y las libertades públicas regulados en la sección primera del capítulo II del título I y la libertad de conciencia regulada en el artículo 30, todos ellos de la Constitución Española.

La importancia de los derechos fundamentales queda bien patente en la Declaración Universal de Derechos Humanos de 10 de diciembre de 1948, en cuyo preámbulo se relaciona la paz mundial con el respeto de los derechos inherentes a la dignidad de la persona. Los tres primeros considerandos de la citada Declaración son del siguiente tenor:

> «Considerando que la libertad, la justicia y la paz en el mundo tienen por base el reconocimiento de la dignidad intrínseca y de los derechos iguales e inalienables de todos los miembros de la familia humana.
>
> Considerando que el desconocimiento y el menosprecio de los derechos humanos han originado actos de barbarie ultrajantes para la conciencia de la humanidad; y que se ha proclamado, como la aspiración más elevada del hombre, el advenimiento de un mundo en que los seres humanos, liberados del temor y de la miseria, disfruten de la libertad de palabra y de la libertad de creencias.
>
> Considerando esencial que los derechos humanos sean protegidos por un régimen de Derecho, a fin de que el hombre no se vea compelido al supremo recurso de la rebelión contra la tiranía y la opresión».

Vemos, pues, que los derechos fundamentales tienen un doble carácter. En primer lugar, son derechos subjetivos —el derecho subjetivo no es otra cosa que un poder jurídico—, derechos de los individuos no sólo en cuanto derechos de los ciudadanos en sentido estricto, sino en cuanto garantizan un estatus jurídico o la libertad en un ámbito de la existencia. Pero al propio tiempo, son elementos esenciales de un ordenamiento objetivo de la comunidad nacional, en cuanto ésta se configura como marco de una convivencia humana justa y pacífica, plasmada históricamente en el Estado de Derecho y, más tarde, en el Estado social de Derecho o el Estado social y democrático de Derecho, según la fórmula de nuestra Constitución (**STC n.º 25/1981, de 14 de julio, ECLI:ES:TC:1981:25**). A ello hay que añadir el principio jurídico que exige que la legalidad aplicable sea entendida en los términos más favorables a la plena efectividad de los derechos fundamentales (**STC n.º 24/1989, de 2 de febrero, ECLI:ES:TC:1989:24**).

De forma clara todas las personas, por el mero hecho de serlo, tienen derechos fundamentales que son inviolables e inalienables, limitándose los Estados a reconocerlos y protegerlos, de tal forma que un Estado es tanto más democrático cuanto más garantiza los derechos fundamentales de sus ciudadanos y, la última garantía de los ciudadanos en un Estado de Derecho es la tutela judicial de sus derechos e intereses legítimos siendo, en consecuencia, los tribunales de justicia los que perfilan el contenido esencial de los derechos fundamentales reconocidos en la mayoría de los ordenamientos jurídicos modernos. Al respecto, el artículo 123.1 de la Constitución dispone que «*El Tribunal Supremo, con jurisdicción en toda España, es el* órgano *jurisdiccional superior en todos los* órdenes, *salvo lo dispuesto en materia de garantías constitucionales*», habiendo declarado el Tribunal Constitucional en **sentencia n.º 48/1998, de 2 de marzo, ECLI:ES:TC:1998:48**, que la Constitución, y muy particularmente los derechos fundamentales, inspiran y alientan todo nuestro ordenamiento, hasta sus últimas o más modestas manifestaciones, sin que ello implique, sin embargo, el que el Tribunal Constitucional esté llamado a imponer la medida en que todas y cada una de las interpretaciones de la legalidad, llamada ordinaria, deben quedar influidas por los contenidos constitucionales; en similares términos, se pronuncia la **sentencia n.º 30/1996, de 26 de febrero, ECLI:ES:TC:1996:30**, del citado órgano constitucional, cuando afirma que no es su misión, sino del Tribunal Supremo, garantizar mediante la emanación de su doctrina legal, la aplicación uniforme de la ley en todo el territorio nacional, sin que en ningún caso corresponda al Tribunal Constitucional suplir las deficiencias del sistema de recursos y decidir cuál de las distintas interpretaciones posibles de las normas ordinarias haya de aplicarse a los casos concretos.

A TENER EN CUENTA. El enjuiciamiento de los hechos y la selección e interpretación de las normas es la función genuina, exclusiva y excluyente, de los tribunales. *«(...) El recurso de amparo no es, pues, un cauce idóneo para corregir posibles errores en la selección, interpretación y aplicación del Ordenamiento jurídico al caso: si lo fuera el Tribunal Constitucional se convertiría en un órgano de casación o de apelación universal y quedaría desvirtuada la naturaleza propia del proceso constitucional de amparo (...)»* (**STC n.º 214/ 1999, de 29 de noviembre, ECLI:ES:TC:1999:214**), *«(...) salvo los supuestos (entre los que es claro que no se encuentra, como hemos visto, el que estamos examinando) en que el razonamiento que funda la resolución judicial incurra en tal grado de arbitrariedad, irrazonabilidad o error que, por su evidencia y contenido, sean tan manifiestos y graves que para cualquier observador resulte patente que la resolución, de hecho, carece de toda motivación o razonamiento»* (**STC n.º 214/2000, de 18 de septiembre, ECLI:ES:TC:2000:214**).

Pero esta diferenciación, legalidad ordinaria *versus* canon de constitucionalidad, no es ni mucho menos nítida; así, por ejemplo, la falta de motivación de los actos administrativos puede incurrir en vicio de legalidad ordinaria o en vicio de constitucionalidad cuando vulnere derechos fundamentales. Lo explica la **sentencia del Tribunal Constitucional n.º 7/1998, de 13 de enero, ECLI:ES:TC:1998:7**: «(...) *Frente a la regla general, conforme a la cual el deber de motivación de los actos administrativos es un mandato derivado de normas que se mueven en el* ámbito *de lo que venimos denominando legalidad ordinaria, en determinados supuestos excepcionales, tal deber alcanza una dimensión constitucional que lo hace fiscalizable a través del recurso de amparo constitucional. Así ocurre cuando se trate de actos que limiten o restrinjan el ejercicio de derechos fundamentales (SSTC 36/1982, 66/1995 o 128/1997, entre otras). También en relación con actos administrativos que impongan sanciones*».

En este libro no vamos a analizar el contenido material de todos los derechos fundamentales reconocidos en la Constitución, sino el cauce procesal idóneo para hacerlos valer ante los tribunales; ello significa que prescindimos *ab initio* de su significado histórico y de la doctrina del Tribunal Constitucional relativa a la aplicación y ejercicio de los citados derechos fundamentales. Desde luego prescindimos de elementos importantes ya que, por un lado, el significado histórico de determinados derechos, por ejemplo, la libertad religiosa, ha forjado la cultura de los pueblos de Europa; por otro, determinados derechos fundamentales susceptibles de recurso de amparo como, por ejemplo, el principio de igualdad, la presunción de inocencia, la tutela judicial efectiva, etc., son permanentemente invocados por las partes en todo tipo de procesos, motivo por el cual tendremos que estudiarlos con cierta profundidad.

CUESTIÓN

¿Cómo se protegen jurisdiccionalmente los derechos fundamentales y las libertades públicas?

Existe una doble vía de protección jurisdiccional en el ámbito nacional:

- Mediante los recursos que prevé el ordenamiento jurídico ante la jurisdicción ordinaria.
- A través del recurso de amparo ante el Tribunal Constitucional.

Los derechos fundamentales y las libertades públicas tienen una doble vía de protección jurisdiccional en el ámbito nacional: primero, mediante los recursos que prevé el ordenamiento jurídico ante la jurisdicción ordinaria; después, a través del recurso de amparo ante el Tribunal Constitucional. Los Tribunales ordinarios son, pues, los primeros garantes de los derechos y libertades en el ordenamiento jurídico. De esta manera, la tutela y defensa de esos derechos y libertades por parte del Tribunal Constitucional es siempre subsidiaria.

Es bien sabido que la aplicación del derecho no es lineal ni automática, ya que no hay una jerarquía entre los derechos y libertades susceptibles de amparo, debiendo primar en cada caso concreto, el que sea más protegible o mejor se adapte al canon constitucional. Esta idea queda claramente reflejada en el artículo 20.4 de la Constitución, relativo a la libertad de expresión, cuando dispone: «*Estas libertades tienen su límite en el respeto a los derechos reconocidos en este Título, en los preceptos de las leyes que lo desarrollen y, especialmente, en el derecho al honor, a la intimidad, a la propia imagen y a la protección de la juventud y de la infancia*». Prácticamente, en todos los casos, encontraremos conflictos entre los diferentes derechos y libertades: igualdad *versus* seguridad; libertad de expresión *versus* derecho al honor; indefensión *versus* tutela judicial efectiva, presunción de inocencia *versus* autoincriminación, libertad de cátedra *versus* derecho a la educación, etc. Estos conflictos, en última instancia, serán resueltos por el Tribunal Constitucional, órgano constitucional que no forma parte del poder judicial (art. 1 de la LOTC), cuyos doce magistrados tienen una connotación política que se deja entrever en muchas de sus resoluciones. Estos conflictos, obviamente, también son resueltos por los tribunales ordinarios, así por ejemplo, la **sentencia del Tribunal Supremo de 1 de febrero de 1990, ECLI:ES:TS:1990:773** dispone: «*En el conflicto que se suscita entre la legalidad de la actuación administrativa y la seguridad jurídica derivada de la misma, tiene primacía esta* última *por aplicación de un principio, que aunque no extraño a los que informan nuestro Ordenamiento Jurídico, ya ha sido recogido implícitamente por esta Sala, (...) y cuyo principio si bien fue acuñado en el ordenamiento jurídico de la República Federal de Alemania, ha sido asumido por la Jurisprudencia del Tribunal de Justicia de las Comunidades Europeas de las que forman parte España, y que consiste en el "principio de protección de la confianza legítima"*».

En los próximos capítulos, se estudian separadamente el amparo judicial y el amparo constitucional, ya que, frente a una actuación administrativa causante de agravio al ciudadano, calificable como atentatorio a un derecho fundamental, el interesado que quiera combatir dicha actuación debe interponer recurso contencioso-administrativo, pudiendo optar entre:

- Acudir al **procedimiento ordinario** —abreviado, en su caso—, establecido en los artículos 43 a 77 de la Ley 29/1998, de 13 de julio, reguladora de la Jurisdicción Contencioso-administrativa (LJCA), donde se podrá impugnar el acto, la disposición, la vía de hecho o la inactividad de la Administración, alegando todo tipo de cuestiones, tanto las dirigidas al restablecimiento del derecho o la libertad vulnerada, como las cuestiones de legalidad ordinaria o procedimentales.
- Acudir al **procedimiento especial para la protección de los derechos fundamentales** de la persona (lo llamaremos recurso de amparo judicial) regulado en el capítulo I del título V de la LJCA, artículos 114 a 122, donde únicamente se enjuicia si los actos o disposiciones impugnados conculcan el contenido de los derechos y libertades a que se refiere el artículo 53.2 de la Constitución y donde sólo se pueden hacer valer las pretensiones que tengan como finalidad restablecer o preservar los citados derechos.

En palabras de la **sentencia del Tribunal Constitucional n.° 84/1987, de 29 de mayo, ECLI:ES:TC:1987:84**: «*En el recurso ordinario puede plantearse también la eventual infracción de los derechos constitucionalmente reconocidos, y asimismo constituye, en su caso, una vía judicial previa a la interposición del recurso de amparo. En consecuencia, los interesados deben optar entre acogerse* *a las ventajas de preferencia y celeridad propias del proceso sumario de la Ley 62/1978, renunciando a pretender la nulidad del acto por vicios de legalidad, o bien plantear cualquier posible motivo de nulidad a través del recurso ordinario, renunciando a aquellas ventajas procesales, o bien, por* último, *instar en tiempo y forma dos acciones paralelas con el mismo objeto y por motivos distintos*».

La desestimación de las pretensiones del reclamante en la vía especial impide la nueva interposición del recurso ordinario porque ya habrá transcurrido, con toda seguridad, el plazo correspondiente para interponer el citado recurso, teniendo en cuenta que la **doctrina consolidada del Tribunal Supremo** establece que **el recurso especial no suspende el transcurso del plazo para interponer el recurso ordinario, ni implica una reserva del derecho al ejercicio de la acción por esta vía.** Esta anómala situación puede evitarse, como hemos visto, cuando el recurrente insta simultáneamente los procesos ordinario y especial, si bien esta solución es más teórica que real, ya que determinados derechos fundamentales son de «configuración legal», pudiendo producirse situaciones incongruentes al dictarse fallos distintos o, incluso, contradictorios, y ello con independencia de que se incurriría en dilaciones indebidas y se estaría vulnerando el principio de economía procesal. Y, desde luego, no es viable acudir primero al proceso ordinario y después al proceso especial, pues la sentencia dictada en un proceso de cognición ilimitada, como es el primero, produce efectos de cosa juzgada.

CUESTIÓN

¿Quién concreta la normativa aplicable cuando se trata de un derecho de configuración legal?

En los derechos de configuración legal corresponde a los órganos jurisdiccionales concretar en cada caso cuál es la normativa aplicable, pues es a ellos a quienes corresponde en exclusiva, de conformidad con el artículo 117.3 de la Constitución, el enjuiciamiento de los hechos y la selección e interpretación de las normas (**SSTC n.° 10/1989, de 24 de enero, ECLI:ES:TC:1989:10** *y* **n.° 73/1998, de 31 de marzo,** ECLI:ES:TC:1998:73 entre otras).

Una vez agotada la vía judicial, ordinaria o especial, y todos los recursos posibles en dichas vías —ha de agotarse el entero recorrido de la vía legal elegida—, **el demandante podrá acudir al Tribunal Constitucional, interponiendo el recurso de amparo constitucional,** regulado en los artículos 41 a 58 de la Ley Orgánica 2/1979, de 3 de octubre, del Tribunal Constitucional (LOTC). Respecto de la vía especial —aplicable sin ambages a la ordinaria— el Tribunal Constitucional en **sentencia n.° 35/1987, de 18 de marzo, ECLI:ES:TC:1987:35** ha declarado que la utilización de la vía especial y sumaria deja expedito el camino del recurso de amparo, cuando la protección pretendida no se ha conseguido, siendo indiferente que la frustración de ésta venga fundada en estimaciones procesales o pronunciamientos de fondo, pues la vía judicial previa ha cumplido su finalidad en ambos casos, incluido el supuesto de que la jurisdicción la haya declarado inadecuada, pues también en éste la decisión judicial está proclamando que estima inexistente la vulneración de los derechos fundamentales invocados, y tal declaración es, precisamente, la que abre el cauce procesal subsidiario del recurso de amparo.

CUESTIÓN

¿Cuál es la finalidad del recurso de amparo constitucional?

El recurso de amparo constitucional busca la preservación o restablecimiento de lesiones concretas y efectivas de derechos o libertades, pero no puede considerarse una vía adecuada para juicios abstractos de inconstitucionalidad de normas, ni pretender utilizarlo para garantizar en abstracto la correcta aplicación de los artículos de la CE que garantizan los derechos fundamentales y libertades públicas.

1.
EVOLUCIÓN NORMATIVA

Introducción

El recurso de amparo judicial venía regulado en la Ley 62/1978, de 26 de diciembre, de Protección Jurisdiccional de los Derechos Fundamentales de la Persona, dividida en tres secciones: la garantía jurisdiccional penal, la contencioso-administrativa y la civil. El recurso de amparo constitucional se reguló en el título III de la Ley Orgánica 2/1979, artículos 41 a 58, actualmente vigentes con las modificaciones introducidas por la Ley Orgánica 6/2007, de 24 de mayo. Esta dualidad responde al esquema diseñado por el artículo 53.2 de la Constitución, ya que todos los ciudadanos pueden recabar la tutela de los derechos fundamentales «(..) *ante los Tribunales ordinarios por un procedimiento basado en los principios de preferencia y sumariedad y, en su caso, a través del recurso de amparo ante el Tribunal Constitucional (...)*», lo que se conoce como principio de subsidiariedad, de tal forma que es necesario agotar todos los recursos ordinarios antes de acudir al Tribunal Constitucional.

> **A TENER EN CUENTA.** Esta primera ley es anterior a la Constitución Española, que se dató al día siguiente, el 27 de diciembre de 1978.

La Ley 62/1978 fue derogada por las siguientes normas: la Ley 38/2002, de 24 de octubre, de reforma parcial de la ley de enjuiciamiento criminal, que derogó los artículos 1 a 5; la Ley 29/1998, de 13 de julio, reguladora de la Jurisdicción Contencioso-administrativa, que derogó los artículos 6 a 10; y la Ley 1/2000, de Enjuiciamiento Civil, que derogó los artículos 11 a 15.

Lógicamente, nos vamos a centrar en la garantía contencioso-administrativa, en su doble vertiente de amparo judicial y amparo constitucional, por ello, analizaremos brevemente la protección de los derechos fundamentales en los otros órdenes jurisdiccionales.

La protección de los derechos fundamentales en el orden civil

En relación con la vulneración de derechos fundamentales en este ámbito, tal y como se recoge en la exposición de motivos de la LEC, en su parágrafo

X, hay que distinguir entre aquellas que se producen en la realidad extraprocesal y aquellas otras que, por su sustancia y contenido, sólo pueden producirse en el seno del proceso. En el primer caso, la ley establece como cauce procedimental el del juicio ordinario, con demanda y contestación por escrito, seguidas de vista y sentencia; para el segundo supuesto, la ley descarta un procedimiento especial y considera que las violaciones han de remediarse en el seno del proceso en que se han producido. Así, pues, los juzgados de primera instancia conocen de las vulneraciones de los derechos fundamentales cometidas entre particulares, es decir, las sometidas al Derecho privado, estando legitimados activamente los titulares de un interés legítimo respecto del derecho fundamental presuntamente lesionado, pudiendo ser parte en los procesos ante los tribunales civiles los sujetos especificados en el artículo 6 de la Ley 1/2000: personas físicas y jurídicas, Ministerio Fiscal, entes sin personalidad jurídica, etc. Si alguna de las partes decide interponer recurso de amparo constitucional, el mismo ha de basarse en la vulneración de algún derecho fundamental por parte de un poder público del Estado —en este caso, los tribunales civiles—, ya que en sede constitucional sólo se protegen las violaciones de los derechos fundamentales perpetradas por los poderes públicos, careciendo en caso contrario la demanda de contenido constitucional. El artículo 41.2 de la Ley orgánica 2/1979 lo aclara, cuando dispone: «El *recurso de amparo constitucional protege, en los términos que esta ley establece, frente a las violaciones de los derechos y libertades a que se refiere el apartado anterior, originadas por disposiciones, actos jurídicos, omisiones o simple vía de hecho de los poderes públicos del Estado, las Comunidades Autónomas y demás entes públicos de carácter territorial, corporativo o institucional, así como de sus funcionarios o agentes*».

CUESTIÓN

¿Los diputados y senadores son considerados como poderes públicos en el sentido del art. 41.2 de la LOTC?

No, y así se recoge en el **auto del Tribunal Constitucional n.° 147/1982, de 22 de abril, ECLI:ES:TC:1982:147A**, en la que se establece que los diputados y senadores no son, en su actuación individual y sin mengua de la alta representación que ostentan y de la función pública que ejercen, poderes públicos en el sentido del artículo 41.2 de la Ley Orgánica 2/1979.

La Ley de Enjuiciamiento Civil, de 7 de enero de 2000, no ha previsto un proceso especial para la protección de los derechos fundamentales, debiendo acudir los particulares al denominado juicio ordinario —regulado en el título II de la Ley 1/2000, artículos 399 a 436—, con las necesarias especialidades de preferencia y sumariedad derivadas del objeto del proceso, si bien, la tutela de los derechos consagrados en el artículo 18.1 de la Constitución se rige por la Ley Orgánica 1/1982, de 5 de mayo, de protección civil del derecho al honor, a la intimidad personal y familiar y a la propia imagen; en el mismo sentido, podemos citar el ejercicio del derecho de rectificación regulado en la Ley Orgánica 2/1984, de 26 de marzo. Una excepción a la tramitación por ordinario la encontramos en el ejercicio del derecho de rectificación, que se tramita por juicio verbal (arts. 249.1.2 y 250.1.9 de la LEC).

CUESTIONES

1. ¿Quién asume la legitimación activa y pasiva en estos supuestos?

La legitimación activa la asume el particular que sufre la lesión; la legitimación pasiva corresponde al particular causante de la lesión del derecho fundamental objeto del proceso.

2. ¿Qué tipo de tutela se puede solicitar?

En la instancia se podrá solicitar cualquier tipo de tutela de las reguladas en el artículo 5 de la LEC, si bien prevalecerá la declarativa de derechos y la de condena.

En el proceso de protección del derecho al honor se ventila la protección de dos derechos fundamentales, el del actor que considera vulnerado su derecho al honor, y el del demandado que considerara lesionado su derecho a la libertad de expresión y a la información. Esta antinomia se ha resuelto de diferentes formas: en un primer momento se considera que el derecho al honor era hegemónico y absoluto y, por tanto, limitaba las libertades de información y expresión; en una segunda fase, que se inicia con la **sentencia del Tribunal Constitucional n.° 104/1986, de 17 de julio, ECLI:ES:TC:1986:104**, se cambia radicalmente de signo y se hace prevalecer la libertad de expresión sobre el derecho al honor, pues la primera contribuye a la formación de una opinión pública, libre y plural; finalmente, se consolida la prevalencia de las libertades de información y de expresión, si bien tales libertades están condicionadas por el deber de veracidad, en el caso de la libertad de información, y por los derechos al honor, a la intimidad e incluso a la dignidad e igualdad de las personas en el supuesto de las libertades de expresión e ideológica, debiendo ponderarse los derechos en conflicto, caso por caso, aplicando el principio de proporcionalidad, a fin de decidir cuál prevalece y cuál se sacrifica (**STC n.° 105/1990, de 6 de junio, ECLI:ES:TC:1990:105**). En definitiva, el efecto legitimador del derecho de información, que se deriva de su valor preferente, requiere no sólo que la información sea veraz —requisito necesario directamente exigido por la propia Constitución, pero no suficiente—, sino que la información tenga relevancia pública, lo cual conlleva que la información veraz que carece de ella no prevalece frente al derecho al honor o a la intimidad (**STC n.° 172/1990, de 12 de noviembre, ECLI:ES:TC:1990:172**). Ahora bien, como en las informaciones periodísticas se entremezclan hechos y opiniones, la veracidad despliega sus efectos legitimadores en relación con los hechos, pero no respecto de las opiniones que los acompañen o valoraciones que de los mismos se hagan, puesto que las opiniones, creencias personales o juicios de valor no son susceptibles de verificación y ello determina que el ámbito de protección del derecho de información quede delimitado, respecto de esos elementos valorativos, por la ausencia de expresiones injuriosas, que resulten innecesarias para el juicio crítico, careciendo de sentido alguno introducir, en tales supuestos, el elemento de veracidad, puesto que, en todo caso, las expresiones literalmente vejatorias o insultantes quedan siempre fuera del ámbito protector del derecho de información. También merece distinto tratamiento el requisito de la veracidad según se trate del derecho al honor o del derecho a la intimidad, ya que, mientras la veracidad funciona, en principio, como causa legitimadora de las intromisiones al honor, si se trata del derecho a la intimidad actúa, en principio, en sentido inverso. El criterio para determinar la legitimidad o ilegitimidad de las intromisiones en la intimidad de las personas no es el de la veracidad, sino exclusivamente el de la relevancia pública del hecho divulgado, es decir, que su comunicación a la opinión pública, aun siendo verdadera, resulte ser necesaria en función del interés público del asunto sobre el que se informa.

El artículo 1 de la Ley Orgánica 2/1984, de 26 de marzo, reguladora del derecho de rectificación (LODR) dispone, en el párrafo primero de su art. 1, que: «Toda *persona, natural o jurídica, tiene derecho a rectificar la información difundida, por cualquier medio de comunicación social, de hechos que le aludan, que considere inexactos y cuya divulgación pueda causarle perjuicio*». El objeto de este proceso civil especial queda limitado a la pretensión de reconocimiento del derecho de rectificación, ya que el fallo se limitará a denegar la rectificación o a condenar a un medio de comunicación social a publicar en dicho medio la rectificación pretendida, por ello, la acción de rectificación «(...) *es compatible con el ejercicio de las acciones penales o civiles de otra naturaleza que pudieran asistir al perjudicado por los hechos difundidos*» (art. 6 de la LODR).

La protección de los derechos fundamentales en el orden penal

Lo dicho anteriormente en el orden civil es aplicable *mutatis mutandi* al orden penal, y quizá, con mayor motivo porque las vulneraciones de derechos fundamentales cometidas por particulares suelen estar incriminadas en el Código Penal. Ahora bien, en este orden jurisdiccional también surgen confrontaciones entre los diferentes derechos fundamentales, por ejemplo, en el enjuiciamiento de los delitos contra el honor, antes de entrar a enjuiciar los elementos del tipo en el caso concreto, debe efectuarse un previo examen acerca de si la conducta constituye o no ejercicio de las libertades de expresión e información (**STC n.º 185/2003, de 27 de octubre, ECLI:ES:TC:2003:185**), pues los tipos penales no pueden interpretarse y aplicarse de forma contraria a los derechos fundamentales.

En este orden jurisdiccional, cuando el inculpado considere que los jueces han vulnerado alguno de sus derechos fundamentales —en especial, los contenidos en el artículo 24 de la Constitución, pudiendo poner como ejemplo la tutela judicial efectiva que en el ámbito penal requiere que la sentencia además de estar motivada y sustentada en una argumentación no arbitraria, ni manifiestamente irrazonable, ni incursa en error patente, sea conforme con el derecho a la libertad, compatible con él y que exprese una argumentación axiológica que sea respetuosa con su contenido—, podrá acudir en amparo al Tribunal Constitucional, si bien previamente deberá agotar todos los recursos posibles en sede jurisdiccional, ya que el recurso de amparo constitucional tiene carácter subsidiario, a salvo, claro está, los autos de prisión provisional y aquellos otros en los que de tener que esperar a la impugnación de la resolución definitiva, se produciría una perpetuación en el tiempo de la lesión del derecho fundamental. Desde luego, no compete al Tribunal Constitucional la determinación de la interpretación última, en cuanto más correcta, de un enunciado penal, ni siquiera desde los parámetros que delimitan los valores y principios constitucionales. Y tampoco le compete la demarcación de las interpretaciones posibles de tal enunciado. De un modo mucho más restringido, y desde la perspectiva externa que le es propia como tribunal no inserto en el proceso penal, su tarea se constriñe a evaluar la sostenibilidad constitucional de la concreta interpretación llevada a cabo por los órganos judiciales. Tal sostenibilidad se refiere al respeto a los valores de la seguridad jurídica y de la autoría parlamentaria de la definición de los delitos y las penas, y se traduce en la razonabilidad semántica, metodológica y axiológica de la interpretación judicial de la norma y de la subsunción legal de los hechos en la misma. Por ello forma parte del objeto del análisis constitucional la motivación judicial de tales «interpretación» y «subsunción», pero no la argumentación del recurrente en favor de una interpretación alternativa, cuya evaluación de razonabilidad *per se* le es ajena al Tribunal Constitucional y sólo podrá ser tomada en cuenta en la medida en que incida en la irrazonabilidad de la interpretación judicial impugnada, si bien son constitucionalmente rechazables aquellas aplicaciones que por su soporte metodológico —una argumentación ilógica o indiscutiblemente extravagante— o axiológico —una base valorativa ajena a los criterios que informan nuestro ordenamiento constitucional— conduzcan a soluciones esencialmente opuestas a la orientación material de la norma y, por ello, imprevisibles para sus destinatarios (**STC n.° 129/2008, de 27 de octubre, ECLI:ES:TC:2008:129**).

Sin embargo, en materia penal hay una especialidad relativa a las detenciones ilegales, regulada en el artículo 17.4 de la Constitución, que dispone: «*La ley regulará un procedimiento de "habeas corpus" para producir la inmediata puesta a disposición judicial de toda persona detenida ilegalmente. Asimismo, por ley se determinará el plazo máximo de duración de la prisión provisional*».

CUESTIÓN

¿Qué reacciones caben ante una detención ilegal?

Ante una detención ilegal cabe reaccionar de diferentes modos: iniciando el proceso de «habeas corpus», acudir a la vía penal o interponer un recurso contencioso administrativo.

La Ley Orgánica 6/1984, de 24 de mayo, regula el procedimiento de «habeas *corpus*» configurándolo como una comparecencia del detenido ante el juez, comparecencia de la que proviene etimológicamente la expresión que da nombre al procedimiento (la esencia de este proceso consiste precisamente en que el juez compruebe personalmente la situación de la persona que pida el control judicial, siempre que se encuentre efectivamente detenida, es decir, a ver el cuerpo de quien se encuentra detenido para ofrecerle una oportunidad de hacerse oír, y ofrecer alegaciones y pruebas, tal y como recoge el TC en su **sentencia n.° 37/ 2008, de 25 de febrero, ECLI:ES:TC:2008:37**), y que permite al ciudadano, privado de libertad, exponer sus alegaciones contra las causas de la detención o las condiciones de la misma, al objeto de que el juez resuelva, en definitiva, sobre la conformidad a Derecho de la detención, pues la libertad de los ciudadanos es, en un régimen democrático donde rigen derechos fundamentales, la regla general y no la excepción, de modo que aquéllos gozan de autonomía para elegir entre las diversas opciones vitales que se les presenten (**STC n.º 208/2000, de 24 de julio, ECLI:ES:TC:2000:208**). El objeto del procedimiento lo constituye, pues, una detención ilegal, disponiendo al respecto el artículo 1 de la Ley Orgánica 6/1984, que se consideran personas ilegalmente detenidas:

- Las que lo fueren por una autoridad, agente de la misma, funcionario público o particular, sin que concurran los supuestos legales, o sin haberse cumplido las formalidades prevenidas y requisitos exigidos por las leyes;
- Las que estén ilícitamente internadas en cualquier establecimiento o lugar;
- Las que lo estuvieran por plazo superior al señalado en las leyes si, transcurrido el mismo, no fuesen puestas en libertad o entregadas al juez más próximo al lugar de la detención;
- Las privadas de libertad a quienes no les sean respetados los derechos que la Constitución y las leyes procesales garantizan a toda persona detenida.

CUESTIÓN

¿Cuál es el límite temporal de la detención preventiva?

Hay dos plazos en lo que se refiere a los límites temporales de la detención preventiva, uno relativo y otro máximo absoluto. El primero consiste en el tiempo estrictamente necesario para la realización de las averiguaciones tendentes al esclarecimiento de los hechos que, como es lógico, puede tener una determinación temporal variable en atención a las circunstancias del caso. Sin embargo, el plazo máximo absoluto presenta una plena concreción temporal y está fijado en las setenta y dos horas computadas desde el inicio de la detención, que no tiene que coincidir necesariamente con el momento en el cual el afectado se encuentra en las dependencias policiales (**STC n.º 288/2000, de 27 de noviembre, ECLI:ES:TC:2000:288**).

La Ley Orgánica 6/1984 ha diseñado un procedimiento rápido y eficaz, que se inspira en cuatro principios:

- **Agilidad.** Instituyendo un procedimiento judicial especial y preferente, extraordinariamente rápido, hasta el punto de que tiene que finalizar en veinticuatro horas, contadas desde que sea dictado el auto de incoación.
- **Sencillez.** El procedimiento carece de formalismos: posibilidad de comparecencia verbal, sin necesidad de abogado y procurador, etc.
- **Generalidad.** Al procedimiento pueden acceder todos los ciudadanos, con independencia de su nivel de conocimiento de sus derechos y de sus medios económicos; asimismo, ningún particular o agente de la autoridad puede sustraerse al control judicial de la legalidad de la detención de las personas.
- **Universalidad.** El procedimiento no sólo alcanza a las detenciones ilegales, sino que se amplía a las detenciones que, ajustándose originariamente a la legalidad, se mantienen o prolongan ilegalmente o tienen lugar en condiciones ilegales.

La protección de los derechos fundamentales en el orden social

El legislador de 1978 «olvidó» crear un proceso especial de tutela de los derechos fundamentales en el orden social, ante lo cual el Tribunal Constitucional en su **sentencia n.º 55/1983, de 22 de junio, ECLI:ES:TC:1983:55**, estableció que ante la ausencia de protección de los derechos fundamentales de la persona en el orden social, el cauce natural de dicha protección en la jurisdicción ordinaria es el procedimiento laboral. Dicha omisión se subsanó con la publicación de la Ley de Procedimiento Laboral de 1990, posteriormente derogada por el Real Decreto Legislativo 2/1995, de 7 de abril, por el que se aprueba el Texto Refundido de la Ley de Procedimiento Laboral, en cuyos artículos 175 a 182 se regulaba la tutela de los derechos de libertad sindical. Dicha norma procedimental fue derogada por la actual Ley 36/2011, de 10 de octubre, de la Jurisdicción Social (LRJS), cuyos artículos 177 a 184 regulan la tutela de los derechos fundamentales y libertades públicas.

Es aplicable al proceso de amparo laboral lo anteriormente dicho de los otros órdenes jurisdiccionales, civil y penal, en lo relativo a un proceso especial, preferente y sumario; pero la Ley 36/2011, de 10 de octubre, unifica la materia laboral en el orden social, que pasa a conocer de los litigios vinculados a la salud y seguridad en el trabajo, convirtiendo a este orden jurisdiccional en el garante ordinario de los derechos fundamentales y de las libertades públicas de empresarios y trabajadores en el ámbito de la relación de trabajo, incluido el acoso laboral. Al respecto, el artículo 177.1 de la citada Ley 36/2011, dispone: «*Cualquier trabajador o sindicato que, invocando un derecho o interés legítimo, considere lesionados los derechos de libertad sindical, huelga u otros derechos fundamentales y libertades públicas, incluida la prohibición de tratamiento discriminatorio y del acoso, podrá recabar su tutela a través de este procedimiento cuando la pretensión se suscite en el* ámbito *de las relaciones jurídicas atribuidas al conocimiento del orden jurisdiccional social o en conexión directa con las mismas, incluidas las que se formulen contra terceros vinculados al empresario por cualquier título, cuando la vulneración alegada tenga conexión directa con la prestación de servicios*».

Aunque, en teoría, este proceso —«*De la tutela de los derechos fundamentales y libertades públicas*»— se extiende a todos los derechos fundamentales, lo cierto y verdad, es que la inmensa mayoría de las lesiones de los derechos fundamentales y libertades públicas, se tramitan con arreglo a su correspondiente modalidad procesal, pues el artículo 184 de la Ley 36/2011, tras la reforma llevada a cabo por el Real Decreto Ley 3/2012, de 10 de febrero, dispone: «*No obstante lo dispuesto en los artículos anteriores y sin perjuicio de lo dispuesto en el apartado 2 del artículo 178, las demandas por despido y por las demás causas de extinción del contrato de trabajo, las de modificaciones sustanciales de condiciones de trabajo, las de suspensión del contrato y reducción de jornada por causas económicas, técnicas, organizativas o de producción o derivadas de fuerza mayor, las de disfrute de vacaciones, las de materia electoral, las de impugnación de estatutos de los sindicatos o de su modificación, las de movilidad geográfica, las de derechos de conciliación de la vida personal, familiar y laboral a las que se refiere el artículo 139, las de impugnación de convenios colectivos y las de sanciones impuestas por los empresarios a los trabajadores en que se invoque lesión de derechos fundamentales y libertades públicas se tramitarán inexcusablemente, con arreglo a la modalidad procesal correspondiente a cada una de ellas, dando carácter preferente a dichos procesos y acumulando en ellos, según lo dispuesto en el apartado 2 del artículo 26, las pretensiones de tutela de derechos fundamentales y libertades públicas con las propias de la modalidad procesal respectiva*».

El Tribunal Supremo —**SSTS, rec. 502/1999, de 15 de febrero del 2000, ECLI:ES:TS:2000:1106 y rec. 2800/2000, de 10 de julio de 2001, ECLI:ES:TS:2001:5977**— admite la posibilidad de acudir primero al amparo laboral y, después, al proceso ordinario —pero, no al revés—, si bien en este último proceso sólo se podrán hacer valer cuestiones de legalidad ordinaria; por ello, es poco viable la utilización simultánea del proceso de amparo laboral y el ordinario.

Lo que prohíbe la Ley 36/2011 es acudir simultáneamente al amparo laboral junto con cualquiera de las modalidades procesales reguladas en el título II de la Ley Reguladora de la Jurisdicción Social, pues el artículo 184 de la citada norma emplea la expresión «inexcusablemente», siendo necesario iniciar, en todo caso, tales procedimientos especiales.

Por último, hay que señalar que la tutela de los derechos de libertad sindical y del derecho de huelga relativa a los funcionarios públicos, al personal estatutario de los servicios de salud, así como al personal al servicio del Estado, las corporaciones locales y las entidades públicas autónomas, cuando al amparo de una ley dicha relación se regule por normas administrativas o estatutarias, corresponde a la jurisdicción contencioso-administrativa (art. 3.c de la LRJS).

2.
LEGITIMACIÓN

La legitimación es la **aptitud para ser parte en un procedimiento concreto**, asumiendo —en el orden contencioso administrativo— el administrado la posición de parte activa y la Administración pública la de parte pasiva. Lógicamente, nos referimos a la Administración pública investida de *imperium,* ya que cuando la Administración actúa bajo normas de Derecho privado, desprovista, por tanto, de las prerrogativas administrativas que le son propias, no debe ser conceptuada como poder público, pudiendo incluso asumir la parte activa de la relación jurídico procesal. Actualmente, **en el orden contencioso administrativo ha desaparecido la figura del coadyuvante,** con la que la antigua normativa se refería a quien tuviera un interés directo en el mantenimiento del acto o disposición impugnada; **sin embargo, se admite dicha figura en el amparo constitucional**, ya que el artículo 47.1 de la LOTC dispone: «Podrán *comparecer en el proceso de amparo constitucional, con el carácter de demandado o con el de coadyuvante, las personas favorecidas por la decisión, acto o hecho en razón del cual se formule el recurso o que ostenten un interés legítimo en el mismo»*, si bien los particulares carecen de legitimación pasiva para comparecer por sí solos en el proceso constitucional de amparo.

Toda persona por el mero hecho de serlo, tiene capacidad para ser parte, que es lo mismo que capacidad jurídica o personalidad, es decir, es titular de derechos y obligaciones y puede verse en la necesidad de defenderlos, reconociendo el artículo 24.1 de la Constitución el derecho a la tutela judicial efectiva a todas las personas que sean titulares de derechos e intereses legítimos, con la obligación que incumbe a los tribunales de interpretar las fórmulas que las leyes procesales utilicen en orden a la atribución de legitimación activa, no sólo de manera razonable y razonada, sin sombra de arbitrariedad ni error notorio, sino en sentido amplio y no restrictivo (**STC n.º 28/2005, de 14 de febrero, ECLI:ES:TC:2005:28**). Por ello, **la doctrina tradicional distingue** entre capacidad procesal y legitimación propiamente dicha:

- La **capacidad procesal** *—ad processum—* viene a ser como la **aptitud para actuar válidamente en juicio**, esto es, para tener la condición de demandante o demandado, sinónimo de capacidad de obrar, que se suple por los legítimos representantes de la persona que carezca de esa capacidad. El artículo 7.1 de la Ley de enjuiciamiento civil lo

En **el recurso de amparo constitucional**, la Constitución delimita el ámbito subjetivo del recurso de amparo, pues su artículo 162.1 b) dispone que están legitimados para interponer dicho recurso, **toda persona natural o jurídica que invoque un interés legítimo, así como el Defensor del Pueblo y el Ministerio Fiscal**, aclarando, el artículo 46 de la Ley Orgánica 2/1979, los diferentes supuestos en que se puede encontrar el interesado en sede constitucional. En una primera aproximación cabe realizar dos matizaciones:

- Que no es necesario ser titular de un derecho subjetivo para solicitar el amparo, ni siquiera se precisa un interés directo, **basta invocar un interés legítimo** (art. 24.1 de la CE).
- Que **la legitimidad es universal**, ya que la expresión legal que utiliza el artículo 162.1. b) antes citado, *«toda persona natural o jurídica»*, así como la del 53.2 de la Norma Fundamental, *«cualquier ciudadano»*, tiene su base en el principio de igualdad consagrado en el artículo 14 de la Constitución. Ello es así, incluso en el supuesto contemplado en el artículo 46.1 b) de la LOTC —*«quienes hayan sido parte en el proceso judicial correspondiente»*—, al realizar el Tribunal Constitucional una interpretación integradora de dichos preceptos, efectuando asimismo, una interpretación muy amplia y flexible de la noción de interés legítimo a efectos de reconocer legitimación para recurrir en amparo **(STC 208/2009, de 26 de noviembre, ECLI:ES:TC:2009:208)**, habiendo afirmado que la condición de parte derivada de la interposición de un recurso contencioso administrativo ante la Audiencia Nacional no se pierde por el hecho de no haber comparecido como parte recurrida en casación.

Para ostentar legitimación en el recurso de amparo constitucional **no es suficiente haber sido parte en el proceso judicial previo sino también ser titular del derecho o de la libertad presuntamente vulnerados (STC 69/2001, de 17 de marzo, ECLI:ES:TC:2001:69)** y es que como ha declarado en reiteradas ocasiones el Tribunal Constitucional «el *recurso de amparo no está previsto para la defensa de derechos fundamentales ajenos, sino de los propios»* **(STC 220/2006, de 3 de julio, ECLI:ES:TC:2006:220)**.

Ahora bien, en este tipo de procesos **sólo pueden ser examinadas las pretensiones deducidas por los iniciales demandantes de amparo**, sin que resulte admisible discutir las introducidas por quienes comparecen posteriormente en el procedimiento. El Tribunal Constitucional ha negado siempre la posibilidad de que quienes se personan en un proceso constitucional de amparo a tenor del artículo 51.2 de la LOTC, una vez admitido a trámite el recurso, puedan convertirse en codemandantes y pedir la reparación o la preservación de sus propios derechos fundamentales. Lo contrario implicaría la admisión de recursos de amparo formulados de manera extemporánea o sin cumplir los presupuestos procesales de admisibilidad, y la consiguiente irregular formulación de pretensiones propias, independientes del recurso de amparo ya admitido y al socaire de éste.

Desde luego, **las personas físicas gozan de todos los derechos susceptibles de amparo** —el titular del derecho a la autonomía universitaria son las Universidades y sólo ellas están legitimadas para recurrir en amparo **(STC**

183/2011, de 21 de noviembre, ECLI:ES:TC:2011:183)— y, en el supuesto de que sus derechos fundamentales hayan sido vulnerados por la Administración, pueden acudir en última instancia al Tribunal Constitucional. **La nacionalidad no afecta a la capacidad procesal,** pues los extranjeros son titulares de los mismos derechos procesales que los españoles (art. 27 del CC) salvo lo dispuesto en las leyes especiales y en los tratados, habiendo declarado el Tribunal Constitucional que la tutela judicial efectiva, por su conexión con la garantía de la dignidad humana, es predicable de las personas en cuanto tales y que, por tanto, los extranjeros gozan del citado derecho fundamental, con independencia de su situación jurídica en España, en condiciones equiparables a los españoles (SSTC **236/2007, de 7 de noviembre, ECLI:ES:TC:2007:236; 212/2009, de 26 de noviembre**; entre otras).

Las personas jurídicas no son titulares de todos los derechos fundamentales reconocidos en la Constitución; así, por ejemplo, no tienen derecho a la intimidad, pero sí gozan de domicilio fiscalmente protegido, del derecho al honor, del secreto de las comunicaciones, de la presunción de inocencia, etc. El domicilio, desde la perspectiva constitucional, es el espacio en el cual el sujeto vive sin estar sujeto a los condicionantes sociales y en el que ejerce su libertad más íntima. Ninguna duda cabe de que la Constitución brinda a las personas físicas una protección plena de este derecho, ampliada por la doctrina del Tribunal Constitucional que considera domicilio constitucionalmente protegido las habitaciones de los hoteles, pensiones y casas de huéspedes, mientras dure la estancia en las mismas, las autocaravanas y rulotes o cualquier automóvil que de hecho cumpla esa función, las edificaciones ruinosas o semiderruidas que sirvan de alojamiento a una familia o de cobijo a personas sin residencia fija, la rebotica de una farmacia, las tiendas de campaña, las chabolas, etc.; pero, además, el Tribunal Constitucional ha declarado que también las personas jurídicas gozan, con ciertos matices, de la inviolabilidad de su domicilio o sede social, estando garantizada la inviolabilidad de las zonas que no tienen acceso al público.

En estos procesos, **el papel natural de la Administración pública es el de demandado, oponiéndose a las pretensiones del demandante, si bien en alguna ocasión ha hecho valer su derecho a la tutela judicial efectiva**. Ahora bien, la Administración no puede negar capacidad procesal a quien se la ha reconocido en vía administrativa, pues ello supondría ir contra sus propios actos; pero, el órgano judicial no está vinculado por la conducta en vía gubernativa de la Administración demandada, por lo que puede apreciar la falta de capacidad —o de legitimación— en cualquier momento del proceso aun cuando se haya reconocido anteriormente (art. 9 de la LEC), siendo incongruente la sentencia que estima el recurso sin pronunciarse sobre la falta de legitimidad alegada por la Administración; asimismo incurre en incongruencia la sentencia que, sin haber oído a las partes pronunciarse sobre este extremo, declara la inadmisibilidad del recurso por falta de legitimación (art. 51.4 de la LJCA).

3.
LOS DERECHOS Y LIBERTADES SUSCEPTIBLES DE AMPARO

Si bien, desde un punto de vista subjetivo, la legitimación es muy amplia, desde un punto de vista objetivo, el artículo 53.2 de la Constitución establece que sólo son susceptibles de recurso de amparo las violaciones por parte de los poderes públicos de las libertades y derechos reconocidos en el artículo 14 y la sección primera del capítulo II, así como la objeción de conciencia reconocida en el artículo 30, y además, los recursos contra resoluciones en materia de censo electoral de las Delegaciones de la Oficina del Censo Electoral (art. 38.4 de la LOREG).

CUESTIONES

1. ¿Qué se entiende por poderes públicos?

Los poderes públicos en un Estado de Derecho son el legislativo, el judicial y el ejecutivo. El poder legislativo corresponde exclusivamente a las Cortes Generales y a los órganos legislativos de las comunidades autónomas. El poder judicial viene delimitado en la correspondiente Ley de Demarcación y de Planta Judicial, Ley 38/1998, de 28 diciembre. El poder ejecutivo viene definido en la Ley 29/1998, de 13 de julio, en cuyo artículo 1.2 se establece que por Administración pública hay que entender tanto la estatal, como la autonómica, local e institucional.

2. ¿Pueden los actos de particulares que violen derechos fundamentales ser susceptibles de recurso de amparo?

No, los actos de particulares que violen derechos fundamentales no son susceptibles de recurso de amparo. Dichas transgresiones deben ventilarse ante los tribunales ordinarios. En su caso, sería susceptible de amparo la resolución judicial que ponga fin al proceso.

¿Hay otros derechos susceptibles de amparo? No, pues estamos en presencia de una lista cerrada, tal y como ha confirmado el Tribunal Constitucional en innumerables sentencias. Por ejemplo, en la **STC n.º 26/2018, de 5 marzo, ECLI:ES:TC:2018:26**, o en la STC **n.º 199/1996, de 3 de diciembre, ECLI:ES:TC:1996:199**, se afirma que la Constitución no otorga ningún derecho a obtener condenas penales. Son las leyes las que prevén el castigo de quienes vulneran sus disposiciones. Y son los tribunales penales los competentes para enjuiciar los hechos presentados por la acusación y la defensa, y para interpretar y aplicar la ley penal. Por ende, la función de este tribunal en el cauce constitucional de amparo se limita a enjuiciar si las resoluciones judiciales impugnadas han respetado el *ius ut procedatur* del ciudadano que ha solicitado protección penal de los derechos que las leyes en vigor le reconocen. Y en la **STC n.º 84/1987, de 29 de mayo, ECLI:ES:TC:1987:84** dispone que «(...) *el recurso de amparo no tiene por finalidad el enjuiciamiento abstracto de disposiciones generales, ni es objeto del mismo evaluar o enjuiciar en general la acción de los poderes públicos (SSTC 95/1985, de 29 de julio, y 151/1986, de 1 de diciembre), sino, como señala el art. 41.2 de la Ley Orgánica de este Tribunal, proteger a todos los ciudadanos frente a violaciones reales, y no meramente eventuales o futuras de sus derechos fundamentales, de manera que* éstos *queden restablecidos y preservados*»; por ello, el problema de cuál sea la norma aplicable al caso concreto, subsumiendo en las normas los hechos, es una cuestión de estricta legalidad ordinaria que corresponde en exclusiva a los jueces y tribunales, de acuerdo con lo dispuesto en el artículo 117.3 de la Constitución (**STC n.º 52/2003, de 17 de marzo, ECLI:ES:TC:2003:52** o **STC n.º 25/2022, de 23 de febrero, ECLI:ES:TC:2022:25**), a los cuales corresponde asimismo la interpretación de la legalidad y su decisión debe ser asumida por el Tribunal Constitucional y no puede ser sustituida por otra diferente en un recurso de amparo cuando ello no viene reclamado por la necesidad de ajustarla a la Constitución (**STC n.º 107/1984, de 23 de noviembre, ECLI:ES:TC:1984:107**).

Tampoco cabe recurso de amparo contra leyes, ya sean estatales o autonómicas. El **auto del Tribunal Constitucional n.º 46/1983, de 8 de febrero,** desestima el recurso de amparo frente a una ley del Parlamento de Canarias por la que se acordaba la expropiación de determinados edificios porque, a diferencia del Derecho alemán, en el nuestro no hay amparo frente a leyes, y ello a pesar de la frecuente utilización por los poderes públicos de leyes singulares o de caso único, para revestir de rango legal a auténticos actos administrativos, con clara vulneración del principio de separación de poderes (sin embargo, no fue esta la doctrina sentada por el Tribunal Constitucional en la **sentencia n.º 166/1986, de 19 de diciembre, ECLI:ES:TC:1986:166**, asunto Rumasa). Lógicamente, los recurrentes de amparo pueden alegar la inconstitucionalidad de una ley que vulnere derechos fundamentales, esto es, puede admitirse una pretensión directa de inconstitucionalidad sostenida por los particulares, aunque limitadas a las leyes que lesionan o coartan los derechos y libertades reconocidos en los artículos 14 a 30 de la Constitución y a los casos en que el recurrente haya experimentado una lesión concreta y actual de sus derechos, siempre que sean inescindibles el amparo constitucional y la inconstitucionalidad (**STC n.º 148/1986, de 25 de noviembre, ECLI:ES:TC:1986:148**).

Ya sabemos que los derechos susceptibles de amparo deben invocarse primero ante la jurisdicción ordinaria y, en último término, ante el Tribunal Constitucional. El artículo 41.1 de la Ley Orgánica 2/1979, de 3 de octubre, del Tribunal Constitucional, dispone: «*Los derechos y libertades reconocidos en los artículos catorce a veintinueve de la Constitución serán susceptibles de amparo constitucional, en los casos y formas que esta Ley establece, sin perjuicio de su tutela general encomendada a los Tribunales de Justicia. Igual protección será aplicable a la objeción de conciencia reconocida en el artículo treinta de la Constitución*». Por su parte, el artículo 114 de la Ley 29/1998, de 13 de julio, reguladora de la Jurisdicción Contencioso-administrativa, establece que «*El procedimiento de amparo judicial de las libertades y derechos, previsto en el artículo 53.2 de la Constitución española, se regirá, en el orden contencioso-administrativo, por lo dispuesto en este capítulo y, en lo no previsto en él, por las normas generales de la presente Ley*». En definitiva, nunca se puede acudir directamente al Tribunal Constitucional en defensa de los derechos fundamentales.

Esta asimetría del recurso de amparo, en sus facetas objetiva y subjetiva, se ha decantado por la primacía del aspecto objetivo, siendo buena prueba de ello el elevado número de autos y providencias de inadmisión dictados, tanto por los tribunales ordinarios como por el Constitucional, desembocando actualmente en la necesidad de acreditar, en sede constitucional, una «*especial trascendencia constitucional*» cuando se interpone la demanda de amparo, tal y como viene regulado en la Ley Orgánica 6/2007, de 24 de mayo. La exposición de motivos de la citada norma es altamente clarificadora de la situación por la que atraviesa el Tribunal Constitucional: «*El elevado número de demandas de amparo ha provocado un amplio desarrollo de la función de garantía de los derechos fundamentales en detrimento de otras competencias del Tribunal Constitucional. El número de solicitudes de amparo y el procedimiento legalmente previsto para su tramitación son las causas que explican la sobrecarga que en la actualidad sufre el Tribunal a la hora de resolver estos procedimientos de garantía de los derechos fundamentales. Por esta razón, las reformas que se abordan van dirigidas a dotar al amparo de una nueva configuración que resulte más eficaz y eficiente para cumplir con los objetivos constitucionalmente previstos para esta institución. Y así, entre las modificaciones que se introducen en relación con el amparo se pueden destacar el cambio en la configuración del trámite de admisión del recurso, la habilitación a las Secciones para su resolución y la reforma del trámite de cuestión interna de constitucionalidad prevista en el artículo 55.2 de la Ley Orgánica 2/1979, de 3 de octubre*». Es cierto que la práctica forense había abusado del ejercicio del recurso de amparo invocando reiteradamente los principios de igualdad, legalidad, tutela judicial efectiva, indefensión, seguridad jurídica, presunción de inocencia, etc., pero la situación que se consolida con la entrada en vigor de la Ley Orgánica 6/2007 presupone que en sede constitucional se inadmitan las demandas que carezcan de una «*especial trascendencia constitucional*», con independencia de la posible vulneración de derechos fundamentales lo que, además de ser desproporcionado, atenta contra el valor «justicia», máxime teniendo en cuenta el elevado número de autos de inadmisión.

Así, la **STC n.º 155/2009, de 25 de junio, ECLI:ES:TC:2009:155**, ya recogía que:

> «(...) tras la reforma llevada a cabo la mera lesión de un derecho fundamental o libertad pública tutelable en amparo ya no será por sí sola suficiente para admitir el recurso, pues es imprescindible, además, su "especial trascendencia constitucional", frente a la configuración por la que esencialmente se caracterizaba en su anterior regulación, en tanto que

recurso orientado primordialmente a reparar las lesiones causadas en los derechos fundamentales y libertades públicas del demandante susceptibles de amparo. Así pues, para la admisión del recurso de amparo no es suficiente la mera lesión de un derecho fundamental o libertad pública del recurrente tutelable en amparo [arts. 53.2 y 161.1 b) CE y 41 LOTC], sino que además es indispensable, en lo que ahora interesa, la especial trascendencia constitucional del recurso [art. 50.1 b) LOTC]. El recurso de amparo, en todo caso, sigue siendo un recurso de tutela de derechos fundamentales(...)».

La estructura del título I de la Constitución deja bien claro que el constituyente no tiene un concepto unívoco de los derechos fundamentales, en consonancia con la propia evolución de los mismos: de primera generación, derechos políticos o cívicos; de segunda generación, económicos y sociales; y de tercera generación, derechos de solidaridad o colectivos. Dicho título I denominado —«De los derechos y deberes fundamentales»—, se abre con el artículo 10 relativo a los derechos de la persona, y consta de los siguientes capítulos:

- Capítulo I: De los españoles y los extranjeros, que comprende los artículos 11 a 13.
- Capítulo II: Derechos y libertades, que se abre con el artículo 14 consagrando el tan manido principio de igualdad, y consta de las siguientes secciones:
  - Sección primera: De los derechos fundamentales y de las libertades públicas, artículos 15 a 29. A tenor del artículo 81 de la propia Constitución estos derechos deben ser desarrollados por ley orgánica.
  - Sección segunda: De los derechos y deberes de los ciudadanos, artículos 30 a 38.
- Capítulo III: De los principios rectores de la política social y económica, regulados en los artículos 39 a 52.
- Capítulo IV: De las garantías de las libertades y derechos fundamentales, artículos 53 y 54.
- Capítulo V: De la suspensión de los derechos y libertades, reguladas en el artículo 55.

El artículo 53 de la Constitución establece claramente el distinto tratamiento jurídico que unos y otros derechos subjetivos tienen desde el punto de vista de las garantías jurídicas que a los mismos se conceden, si bien, tal y como afirma el artículo 10.1 de la citada norma los derechos de la persona son el fundamento del orden político y de la paz social, bien entendido que la lesión de un derecho fundamental es, en todo caso, un vicio de nulidad radical que conlleva la nulidad del acto, de la sentencia, de la disposición de carácter general o de la ley, siendo buena prueba de ello, el artículo 47.1 a) de la Ley 39/2015, de 1 de octubre, del Procedimiento Administrativo Común de las Administraciones Públicas, que proclama la nulidad de pleno derecho para los actos que lesionen derechos y libertades susceptibles de amparo constitucional, o el artículo 11.1 de la Ley Orgánica 6/1985, de 1 de julio, del

Poder Judicial, que dispone que no surtirán efecto las pruebas obtenidas, directa o indirectamente, violentando los derechos o libertades fundamentales.

Para que una declaración constitucional o legal tenga naturaleza de norma jurídica no basta con su inclusión en el respectivo texto, sino que es necesario además que tenga estructura lógica de norma jurídica, es decir, que consista en un mandato, una orden, prohibición o una correlativa delimitación de esferas jurídicas entre sujetos, con establecimiento de recíprocas obligaciones y derechos. Compárese la diferencia entre la proclamación de los artículos 43.1, se reconoce el derecho a la protección de la salud, con el artículo 20.1 c), se reconoce y protege el derecho a la libertad de cátedra, ambos del texto constitucional; el derecho a la protección de la salud, al igual que todos los recogidos en el capítulo III, sólo pueden ser alegados ante la jurisdicción ordinaria de acuerdo con lo que dispongan las leyes que los desarrollen, si bien el reconocimiento, el respeto y la protección de los principios reconocidos en el citado capítulo III, informarán la legislación positiva, la práctica judicial y la actuación de los poderes públicos; el derecho a la libertad de cátedra está super protegido por el constituyente, ya que su vulneración es susceptible de recurrirse en amparo. Ahora bien, el propio Tribunal Constitucional en sus primeras sentencias, por ejemplo en la **STC n.º 15/1982, de 23 de abril, ECLI:ES:TC:1982:15**, ha señalado que en la Constitución nada es superfluo y que los derechos y libertades fundamentales vinculan a todos los poderes públicos y son origen inmediato de derechos y obligaciones, y no meros principios programáticos, matizando que este principio general de aplicabilidad inmediata no sufre más excepciones que las que imponga la propia Constitución, expresamente o bien por la naturaleza misma de la norma; no obstante, ningún derecho fundamental es absoluto, estableciéndose determinados límites y excepciones a los mismos; así, por ejemplo, la inviolabilidad del domicilio admite tres excepciones: el consentimiento del titular, que según el texto del precepto no necesita ser expreso, la existencia de una resolución judicial que autorice la entrada y la producción de un delito flagrante, caso en el cual los perseguidores pueden continuar la persecución en el domicilio de la persona afectada (**STC n.º 22/1984, de 17 de febrero, ECLI:ES:TC:1984:22**). Ahora bien, determinados derechos fundamentales son de exclusiva titularidad del imputado: derecho al juez imparcial, derecho de defensa, presunción de inocencia, principio acusatorio, etc.

Los derechos fundamentales son inherentes a la persona y, en este sentido, es claro que son anteriores a la formación de los Estados y al nacimiento de los ordenamientos jurídicos, es decir, la ley proclama y reconoce los derechos humanos, pero no los crea. A título de ejemplo, podemos citar la **sentencia del Tribunal Constitucional n.º 95/2003, de 22 de mayo, ECLI:ES:TC:2003:95**, que declara inconstitucional el adverbio «legalmente» contenido en el artículo 2.a de la Ley 1/1996, de 10 de enero, de asistencia jurídica gratuita, precepto que reconducía este derecho tan sólo a los extranjeros «*que residan legalmente en España*». Afirma el Tribunal Constitucional que el término «*legalmente*» es inconstitucional, mientras que el de «*residan*» no lo es, si se interpreta en su sentido meramente fáctico y no en el jurídico contemplado en el artículo 29.3 de la Ley Orgánica 4/2000, de 11 de enero, de extranjería. Por tanto, y debido a la circunstancia de que el derecho a la tutela judicial efectiva no sólo es predicable de los españoles, sino de todo ser humano, también los extranjeros, legalmente o no residentes en España, tienen derecho a la asistencia jurídica gratuita. Lógicamente, la posterior Ley 16/2005, de 18 de julio, que modifica la Ley 1/1996, reconoce el derecho a la asistencia gratuita a todos «*los extranjeros que se encuentren en España*».

La importancia del artículo 53 de la Constitución es fundamental ya que un sistema que declare derechos y libertades sólo merece el calificativo de jurídico si, al mismo tiempo, establece las garantías para su efectividad. Por ello, en el supuesto de que los tribunales ordinarios no restablecieran el derecho o la libertad vulnerados, es posible obtener la protección adecuada a través del recurso de amparo ante el Tribunal Constitucional, si bien en esta vía es necesario acreditar la «*especial trascendencia constitucional*» en la interposición de la demanda, lo que presupone una merma de las garantías que el constituyente otorgó a todos los ciudadanos, y en la práctica supondrá que se puedan vulnerar derechos fundamentales si el demandante no acredita suficientemente la citada «*especial trascendencia constitucional*». Siendo ello así, ha de apuntarse, sin embargo, el distinto régimen previsto en la citada Ley Orgánica 2/1979, de 3 de octubre, en relación con los **plazos para interponer las demandas de amparo en función del acto lesivo de los derechos fundamentales**, pues entre las modificaciones introducidas en el régimen jurídico del recurso de amparo por la Ley Orgánica 6/2007, de 24 de mayo, se encuentra la ampliación del plazo para la interposición de los recursos de amparo, que se eleva a treinta días, en los casos previstos en el artículo 44 de la mentada Ley 2/1979, es decir, cuando el amparo se dirige contra violaciones de derechos fundamentales que tienen su origen en un acto u omisión de un órgano judicial. Se mantiene, sin embargo, el anterior plazo de veinte días, una vez agotada la vía judicial previa, para aquellos supuestos contemplados en el artículo 43.2 de la citada norma, en los que el amparo se dirige contra actos administrativos; en definitiva, lo cierto es que se exige un tratamiento diferente y específico para cada supuesto en función de cuál sea el origen de la lesión que pretende repararse y a qué poder público se impute la lesión del derecho fundamental aducido, es decir, de cuál sea el objeto concreto del proceso constitucional de amparo (**ATC n.º 51/2010, de 6 de mayo, ECLI:ES:TC:2010:51A**).

Ya hemos visto que sólo son susceptibles de recurso de amparo, las violaciones de los derechos recogidos en el artículo 14 y los derechos y libertades regulados en los artículos 15 a 29, así como la objeción de conciencia, regulada en el artículo 30, artículos todos ellos de la Constitución; y que los principios rectores de la política social y económica informarán la legislación positiva, la práctica judicial y la actuación de los poderes públicos, si bien no son directamente alegables ante los tribunales. Ahora bien, el propio artículo 53.1 de la Constitución establece que los derechos y libertades reconocidos en el capítulo II (artículos 14 a 38) vinculan a todos los poderes públicos; y sólo por ley, que en todo caso deberá respetar su contenido esencial, podrá regularse el ejercicio de tales derechos y libertades, que se tutelarán de acuerdo con lo previsto en el artículo 161.1 a) de la Constitución. El análisis de los preceptos antes citados merece las siguientes consideraciones:

- Los derechos y libertades del capítulo II no son preceptos programáticos que necesiten leyes de desarrollo. Son invocables directamente ante los tribunales de justicia. Al respecto cabe traer a colación la

sentencia del Tribunal Constitucional n.º 16/1982, de 28 de abril, ECLI:ES:TC:1982:16, que expuso: *«(...) la Constitución, lejos de ser un mero catálogo de principios de no inmediata vinculación y de no inmediato cumplimiento hasta que sean objeto de desarrollo por vía legal, es una norma jurídica, la norma suprema de nuestro ordenamiento, y en cuanto tal tanto los ciudadanos como todos los poderes públicos, y por consiguiente también los Jueces y Magistrados integrantes del poder judicial, están sujetos a ella (arts. 9.1 y 117.1 de la C. E.). Por ello es indudable que sus preceptos son alegables ante los Tribunales (...)».*

- Los derechos y libertades regulados en los artículos 14 a 38 están protegidos por el **principio de reserva de ley**; al estar reservados a ley orgánica, los derechos y libertades reconocidos en los artículos 15 a 29, quiere decirse que están reservados a ley ordinaria el artículo 14 y los derechos y libertades recogidos en los artículos 30 a 38 de la Constitución; dicha norma emanara de las Cortes Generales cuando afecte a las condiciones básicas que garanticen la igualdad de todos los españoles en el ejercicio de los derechos y en el cumplimiento de los deberes constitucionales. Así, por ejemplo, la **sentencia del Tribunal Constitucional n.º 76/1992, de 14 de mayo, ECLI:ES:TC:1992:76**, declara que la nueva redacción del artículo 130 de la Ley General Tributaria (relativa a la entrada en domicilio particular) es contraria a la Constitución por estar contenida en una Ley anual de presupuestos generales del Estado.

> **A TENER EN CUENTA.** La **sentencia del Tribunal Constitucional n.º 37/1981, de 16 de noviembre, ECLI:ES:TC:1981:37** dispone: *«(...) Si toda ley que regula el ejercicio de los derechos y libertades a que se refiere el art. 53.1 de la Constitución hubiera de ser Ley del Estado (utilizando ahora este concepto en su sentido más restringido, como conjunto de las instituciones generales), carecería de todo sentido, en efecto, que el art. 149.1.1 reservase a la competencia exclusiva del Estado (en este mismo sentido restringido) "la regulación de las condiciones básicas que garanticen la igualdad de todos los españoles en el ejercicio de los derechos y en el cumplimiento de los deberes constitucionales(...)"».*

- El apartado dos del artículo 10 de la Constitución, dispone: *«Las normas relativas a los derechos fundamentales y a las libertades que la Constitución reconoce, se interpretarán de conformidad con la Declaración Universal de Derechos Humanos y los tratados y acuerdos internacionales sobre las mismas materias ratificadas por España»*. El artículo 7.1 de la Ley Orgánica 6/1985, de 1 de julio, del Poder Judicial, establece que *«Los derechos y libertades reconocidos en el Capítulo Segundo del Título I de la Constitución vinculan, en su integridad, a todos los Jueces y Tribunales y están garantizados bajo la tutela efectiva de los mismos»*; y el apartado segundo del citado precepto, añade: *«En especial, los derechos enunciados en el artículo 53.2 de la Constitución se reconocerán, en todo caso, de conformidad con su contenido constitucionalmente declarado, sin que las resoluciones judiciales puedan restringir, menoscabar o inaplicar dicho contenido»*. Por su parte la **sentencia del Tribunal Constitucional n.º 78/2023, de 3 de julio, ECLI:ES:TC:2023:78**, recoge que *«(...) al "Tribunal no le corresponde, al conocer del recurso de amparo, examinar la observancia o inobservancia, per se, de textos internacionales que obliguen a España en materia de derechos humanos, sino comprobar el respeto o la infracción de los preceptos constitucionales que reconocen los derechos fundamentales y libertades públicas susceptibles de amparo constitucional (arts. 53.2 CE y 41.1 LOTC), sin perjuicio de que, por mandato del art. 10.2 CE, deban ser interpretados tales preceptos de conformidad con la Declaración universal de derechos humanos y tratados y acuerdos internacionales sobre la misma materia ratificados por España" (...)»*.

- Las leyes que desarrollan los citados derechos y libertades reconocidos en los artículos 15 a 29 son susceptibles de recurso de inconstitucionalidad, como cualquier otra ley o disposición normativa con fuerza de ley. Esta reiteración tiene sentido jurídico, pues se trata de poner el acento en el «respeto al contenido esencial» del derecho o libertad que ha de regularse, lo cual constituye, claro está, un precioso punto de referencia para el juez constitucional a la hora de fiscalizar la ley de desarrollo. Punto de referencia que por cierto faltará, en la mayoría de los casos, cuando se trate de fiscalizar el desarrollo del capítulo III de la Constitución.
- En reiteradas sentencias, por todas la **STC n.º 67/1984, de 7 de junio, ECLI:ES:TC:1984:67**, el Tribunal Constitucional ha declarado que las leyes han de ser interpretadas de conformidad con la Constitución y en el sentido más favorable para la efectividad del derecho fundamental. El Tribunal Constitucional, toma la doctrina del Tribunal Europeo de Derechos Humanos, y declara permanentemente que la Constitución trata de proteger los «derechos concretos y efectivos», y no «teóricos o ilusorios».

La importancia de los tribunales en esta materia es fundamental, ya que en nuestro ordenamiento, en materia de restricción de derechos fundamentales, la jurisdicción ostenta, no sólo la última, sino también la primera palabra, en clara referencia a determinados derechos fundamentales cuya limitación queda condicionada a la preceptiva autorización judicial (artículos 18.2, inviolabilidad del domicilio; 18.3, secreto de las comunicaciones; 20.5, secuestro de publicaciones; 22.4, disolución o suspensión de asociaciones) o forman parte del monopolio jurisdiccional, como la prohibición de que la Administración civil imponga sanciones que, directa o indirectamente, impliquen privación de libertad, regulada en el artículo 25.3 de la Constitución. Ahora bien, determinados derechos fundamentales no se aplican con la misma intensidad en todo su ejercicio, así ocurre por ejemplo con el derecho a la tutela judicial efectiva —que ampara por igual al demandante y al demandado—, pues el principio *pro actione* no opera con igual intensidad en la fase inicial del proceso, para acceder al sistema judicial, que en las sucesivas instancias, una vez que se obtiene una primera respuesta judicial a la pretensión (**STC n.º 147/1997, de 16 de septiembre, ECLI:ES:TC:1997:147** o **STC n.º 149/2016, de 19 de septiembre, ECLI:ES:TC:2016:149**).

Queda sin resolver la vulneración de aquellos derechos fundame que gozan de protección jurisdiccional ante el Tribunal Europeo de Der Humanos, pero no son tutelables ante el Tribunal Constitucional, con ejemplo el derecho de propiedad. Al respecto, el Tribunal Constitucion mán, en sentencia de 18 de noviembre de 1962, declaró que la prop no es un derecho fundamental por sí mismo, sino en cuanto se enc en relación íntima con la libertad personal. En España, el caso más fa es el de la señora López Ostra que vio como el Tribunal Supremo y el titucional desestimaban su pretensión relativa a los problemas de s medioambientales derivados del funcionamiento de una planta depu de residuos en el municipio de Lorca, estimando parcialmente su dema Tribunal Europeo de Derechos Humanos que en sentencia de 9 de dici de 1994 condena al reino de España al pago de cuatro millones de p en concepto de perjuicios y un millón quinientas mil pesetas en conce gastos y costas, al considerar que hubo violación del artículo 8 del Con

CUESTIÓN

¿En base a que se puede considerar que el derecho de propiedad goza de protección jurisdiccional ante el TEDH?

El artículo 17 de la Declaración de Derechos del Hombre y del Ciudadan 1789, lo consideró un derecho sagrado e inviolable. El Convenio Europeo de D chos Humanos no lo incluyó inicialmente entre sus derechos protegidos, sino e Protocolo número 1, y con muchas salvedades.

4.
EL RECURSO DE AMPARO JUDICIAL

4.1. Introducción

El que hemos denominado recurso de amparo judicial se encuentra regulado en los artículos 114 a 122 de la LJCA, bajo el nombre de «procedimiento **para la protección de los derechos fundamentales de la persona**», siendo aplicables, en lo no previsto en él, las normas generales de la citada Ley 29/1998, de 13 de julio, conforme establece el art. 114.1 de la propia ley y subsidiariamente, a tenor de la disposición final primera de la citada norma, la Ley de Enjuiciamiento Civil.

A TENER EN CUENTA. La aplicación supletoria a este procedimiento de las normas del procedimiento ordinario debe limitarse a los supuestos en los que resulta inexcusable el cumplimiento de un trámite no previsto en el proceso especial.

Por medio de este proceso **podrán hacerse valer las pretensiones a que se refieren los arts. 31 y 32 de la LJCA** (art. 114.2 de la LJCA) pero estos no se contemplan de forma aislada tal y como ha declarado el Tribunal Supremo en la **sentencia n.º 1306/2022, de 14 de octubre, ECLI:ES:TS:2022:374**:

> «A estos efectos, a tenor del artículo 114.2 LJCA, podrán hacerse valer las pretensiones a que se refieren los artículos 31 y 32 que, evidentemente, no se contemplan de forma aislada, toda vez que tales pretensiones habrán de incorporar el elemento teleológico consistente en "restablecer o preservar los derechos o libertades por razón de los cuales el recurso hubiere sido formulado", de manera tal que, la estimación del recurso se habrá de proclamar en la medida que se vulnere un derecho fundamental».

El recurso de amparo judicial es **admisible en los mismos supuestos regulados en el artículo 25 de la LJCA**, pues la actuación administrativa es el objeto material del proceso, es decir, son impugnables las disposiciones de carácter general, los actos expresos y presuntos, ya sean definitivos o de trámite, si estos últimos deciden directa o indirectamente el fondo del asunto, la vía de hecho o la inactividad de la Administración. También resulta de aplicación el art. 28 de la LJCA que señala «*No es admisible el recurso contencioso-administrativo respecto de los actos que sean reproducción de otros anteriores definitivos y firmes y los confirmatorios de actos consentidos por no haber sido recurridos en tiempo y forma*».

Estamos en presencia de un **procedimiento especial** —limitado a salvaguardar los derechos fundamentales y las libertades públicas—, preferente y sumario (art. 53.2 de la CE), que viene caracterizado por las siguientes notas:

- **Celeridad:** a todos los efectos, la tramitación de estos recursos tendrá carácter preferente (art. 114.3 de la LJCA), lo que presupone habilitar plazos más breves, la posibilidad de alterar el orden de señalamientos para dictar sentencia, etc., siendo el mes de agosto hábil (art. 128.2 de la LJCA).
- **Sumariedad:** en este procedimiento no es necesario agotar la vía administrativa previa —tal como se deduce del art. 115.1 de la LJCA 115.1 que se refiere al carácter potestativo del recurso administrativo cuando señala «*(...) o se hubiera interpuesto potestativamente un recurso administrativo (...)*»—, no hay vista ni conclusiones, etc., pero se trata de un procedimiento plenario o de cognición plena, aunque especial por su objeto, referido únicamente a las pretensiones dirigidas a preservar o restablecer los derechos fundamentales, produciendo la sentencia de fondo que lo termina el efecto de cosa juzgada material.
- **Opcional:** el demandante puede optar entre iniciar este procedimiento especial o bien el procedimiento ordinario, pero en el procedimiento especial sólo se pueden alegar vulneraciones de derechos fundamentales y de libertades públicas. Ya sabemos que este recurso se puede simultanear con el ordinario, es decir, se admite la coexistencia, pero no la interposición sucesiva de ambos recursos. La **sentencia del Tribunal Constitucional n.º 84/1987, de 29 mayo, ECLI:ES:TC:1987:84** se expresaba en estos términos: «*(...) Lo que el ordenamiento procesal vigente no contempla, ni puede afirmarse que imponga el art. 24.1 de la Constitución, es la facultad de utilizar sucesivamente una y otra vía de recurso, de manera que pueda formularse el ordinario una vez desestimado el especial, con independencia del transcurso de los plazos legales de caducidad de la acción. La admisión del recurso preferente y sumario y su consiguiente tramitación no suspenden el cómputo de dichos plazos ni se produce con reserva del derecho al ejercicio de la acción por la vía ordinaria. De manera que si, una vez desestimada la demanda deducida en aquel proceso especial, han caducado los plazos para seguir la vía del proceso contencioso ordinario, la eventual ausencia de tutela no es imputable a la Sentencia desestimatoria, sino directa y exclusivamente a la opción libremente adoptada por el recurrente (...)*».
- **Prioritario:** respecto del recurso de amparo constitucional que, lógicamente, tiene carácter subsidiario (art. 44.1 de la LOTC).

En reiteradas ocasiones hemos hecho referencia a que en este procedimiento especial no se pueden hacer valer cuestiones de legalidad ordinaria, pero ¿qué se entiende por legalidad ordinaria? Lógicamente, todo lo que está fuera del ámbito de protección del artículo 53.2 de la Constitución, por ejemplo, la seguridad jurídica, la interdicción de la arbitrariedad, el derecho de propiedad privada, el derecho y deber de trabajar, la retroactividad de las disposiciones sancionadoras favorables, la libertad de empresa, la protección a la familia, el principio in dubio por reo, etc.; y también, lo que podríamos llamar cuestiones de legalidad en sentido estricto, por ejemplo, los vicios de procedimiento, la prescripción y la caducidad de las acciones, las cuestiones de competencia, la valoración de las pruebas, etc. Ahora bien, se puede utilizar esta vía cuando la inteligencia, aplicación o interpretación de los preceptos de la legislación ordinaria vulneren los derechos fundamentales, así como cuando se acredite por el demandante que la Administración ha actuado de forma arbitraria, irracional o ilógica, siempre y cuando dicha actuación tenga relevancia constitucional, por ejemplo, la interdicción de la arbitrariedad de los órganos judiciales puede garantizarse a través del derecho a la tutela judicial efectiva. La **sentencia del Tribunal Constitucional n.º 162/2001, de 5 de julio, ECLI:ES:TC:2001:162** lo expresa en estos términos:

> «Es doctrina reiterada de este Tribunal la de que el derecho a la tutela judicial efectiva supone el de obtener una decisión motivada sobre la pretensión deducida, pero que el art. 24.1 CE no garantiza el acierto del órgano judicial en cuanto a la solución del caso concreto. También se ha afirmado con reiteración que los errores patentes o inexactitudes cometidos por los órganos judiciales no deben producir efectos negativos en la esfera jurídica del ciudadano (SSTC 172/1985, de 16 de diciembre, 190/1990, de 26 de noviembre, y 101/1992, de 25 de junio), a menos que aquéllos hubieran sido imputables a la negligencia de la parte, pues, de ser así, se estaría causando una lesión del derecho a la tutela judicial efectiva (SSTC 190/1990, de 26 de noviembre, 107/1987, de 25 de junio). Por ello este tipo de situaciones, al no existir otro remedio jurisdiccional, han de ser corregidas por este Tribunal a través de la vía de amparo, puesto que dentro de este recurso tiene cabida la corrección de "cualquier interpretación arbitraria o totalmente infundada o que resulte de un error patente con relevancia constitucional" (STC 55/1993, de 15 de febrero, FJ 2)».

Es decir, la **función del Tribunal Constitucional** no es revisar la interpretación que de la legalidad hayan podido efectuar los jueces o tribunales en el ejercicio de la función jurisdiccional que les compete en virtud del artículo 117.3 de la Constitución, sino únicamente **controlar que la motivación judicial no resulte irrazonable, arbitraria o incursa en error patente,** ya que en ese supuesto se vulnera la tutela judicial efectiva.

Ahora bien, en el ámbito de protección del artículo 53.2 de la Constitución, nos encontramos junto con derechos fundamentales de eficacia inmediata y directa (libertad de residencia), con otros de configuración legal (tutela judicial efectiva), en los que el bloque normativo de legalidad ordinaria se integra en el núcleo del derecho fundamental, definiendo su contenido. Hay supuestos en los que la delimitación exacta entre la lesión de los derechos fundamentales y la infracción de la legalidad ordinaria deviene imposible, tal y como ha reconocido el Tribunal Supremo en la **sentencia n.º 1023/2022,**

de 18 de julio ECLI:ES:TS:2022:3137 «La *interpretación conjunta resulta, por tanto, imprescindible e inescindible, sin que pueda establecerse una estricta diferenciación entre ambos tipos de contravenciones, la que afecta a los derechos fundamentales y la que se refiere a la mera legalidad, pues la lesión de la legalidad nos conduce inexorablemente a la infracción del derecho fundamental de la igualdad (...)»*. Es por este motivo que en la exposición de motivos de la Ley 29/1998, de 13 de julio, se establece: «(...) *La Ley pretende superar, por tanto, la rígida distinción entre legalidad ordinaria y derechos fundamentales, por entender que la protección del derecho fundamental o libertad pública no será factible, en muchos casos, si no se tiene en cuenta el desarrollo legal de los mismo»*.

Veamos algunos ejemplos:

- El principio de igualdad y no discriminación no constituye un derecho autónomo existente por sí mismo, pues su contenido viene establecido siempre respecto de relaciones jurídicas concretas, lo que supone la necesidad de tomar también como referente a preceptos de legislación ordinaria.
- El derecho fundamental de acceso a la función pública, regulado en el artículo 23.2 de la Constitución, presenta las siguientes connotaciones:
  - Ese derecho fundamental no comporta el de ocupar cargos o desempeñar funciones determinados, sino el de acceder a ellos en condiciones de igualdad, con los requisitos legalmente previstos y en los procesos legalmente dispuestos, de ahí que el artículo 23.2 de la Constitución sea una especificación de su artículo 14.
  - Es un derecho de configuración legal por lo que el legislador dispone de un amplio margen para regular las pruebas de selección y determinar los méritos y capacidades que se tomarán en consideración.
  - Esa libertad del legislador no es absoluta porque tiene un límite positivo y otro negativo, consistiendo el positivo en la obligación de establecer unos requisitos que respondan únicamente a los principios de mérito y capacidad —lo que obliga a poner en relación los artículos 23.2 y 103.3 de la Constitución— y concretándose el negativo en la proscripción de regular las condiciones de acceso en términos individualizados que equivalgan a una verdadera y propia acepción de las personas.
  - El artículo 23.2 incorpora el derecho a la igualdad en la aplicación de la misma ley pero no se extiende al estricto cumplimiento de la legalidad en el acceso a los cargos públicos, ya que sólo cuando la infracción de las normas o bases reguladoras del proceso selectivo implique, a su vez, una desigualdad entre los participantes, una vulneración de la igualdad cabrá entender que se ha vulnerado esa dimensión interna y más específica del derecho que reconoce.
  - Es, en fin, un derecho de naturaleza reaccional porque permite impugnar, no sólo las normas reguladoras del acceso que quiebran la igualdad, sino también aquella aplicación de esas mismas normas

que se traduzca en trato desigual (**STS, rec. 488/2008, de 29 de julio de 2010, ECLI:ES:TS:2010:3927**).

JURISPRUDENCIA

Sentencia del Tribunal Supremo, rec. 280/2013, de 6 de noviembre, ECLI:ES:TS:2013:5446

«El alcance de plena jurisdicción fáctica y jurídica, de que gozan los jueces y tribunales en este proceso lo ha subrayado la Sentencia del Tribunal Constitucional 95/1997, de 19 de mayo, que destaca las diferencias entre el proceso Contencioso-Administrativo especial y el amparo ante el Tribunal Constitucional. Se plantea el Tribunal Constitucional si el procedimiento de protección jurisdiccional de derechos fundamentales, por limitado en cuanto a su objeto exclusivamente a la protección de tales derechos, tiene, en el plano procesal, las limitaciones de defensa y oposición propias del recurso de amparo ante el Tribunal Constitucional y, en los fundamentos jurídicos tercero y cuarto de esta Sentencia sostiene que aun cuando es cierto que este proceso judicial y el de "amparo" coinciden sustancialmente, "ratione materiae", en el examen de las hipotéticas violaciones de los derechos y libertades de conformidad con el artículo 53.2 CE en relación con la Disposición Transitorio segunda, 2, de la LOTC (STC 196/1990 y ATC 426/1990). Y también es cierto que en ambos procesos, el de la Ley 62/1978 y el de amparo constitucional, esté vedado el conocimiento de los problemas de legalidad ordinaria que se planteen, lo que hemos reiterado en varias ocasiones con respecto a aquél (SSTC 37/1982, 24/1983, 84/1987; AATC 773/1987, 224/1991) y en constantes y numerosas ocasiones respecto del recurso de amparo. Pero aquí acaban las similitudes entre uno y otro proceso y comienzan las relevantes diferencias que les separan».

La jurisdicción constitucional no puede, suplantar a la ordinaria en la función de juzgar y hacer ejecutar lo juzgado, pues en este caso infringiría lo dispuesto en el artículo 117.3 CE, ni a la del orden Contencioso-Administrativo en la tarea de controlar la legalidad de la actuación administrativa, ya que en este supuesto actuaría en abierta contradicción con lo previsto en el artículo 106.1 de la Norma Fundamental. «Consecuencia y causa de lo anterior es que este Tribunal [Constitucional] no se constituye en una nueva instancia revisora acerca de los hechos (STC 7/1993), pues por imperativo del artículo 44.1.b) de la LOTC le está vedado entrar a conocer de los mismos, cuya determinación corresponde precisamente a los órganos de la jurisdicción ordinaria cuando se solicita su tutela. Sin embargo de la Ley 62/1978 y de su disposición supletoria, la Ley de la Jurisdicción Contencioso-Administrativa (lo mismo puede decirse de la nueva LJCA, en concreto de sus arts. 114 y ss.), resulta que el Tribunal competente debe actuar con plenitud de jurisdicción respecto a las circunstancias fácticas que dieran lugar a la vulneración por el acto administrativo de los derechos fundamentales que se denuncie en la demanda. Si no lo hiciera así —como ocurre en este caso—, estaría dando por buena la fijación de hechos llevada a cabo por la Administración sancionadora, sin realizar la función revisora jurisdiccional que corresponde a los órganos judiciales».

En consecuencia, puede decirse que las Salas de lo Contencioso-Administrativo que sustancien el procedimiento especial para la protección de los derechos fundamentales sólo pueden relegar los aspectos de legalidad ordinaria, cuando estos aspectos no tengan relación alguna con la tutela de los derechos fundamentales comprendidos en los artículos 14 a 30 CE. Pero la Sala no sólo puede sino que debe conocer y pronunciarse acerca de todas la cuestiones que se planteen en la demanda, tanto de hecho como de derecho, relacionadas con el contenido de los derechos fundamentales invocados para, previo su enjuiciamiento y fundamentación, adoptar la resolución que estime procedente. Debe actuar, pues, con plena jurisdicción, revi-

sando la actuación administrativa en los términos que establecen los artículos 106.1 y 117.3 CE, sin más limitación que el objeto del recurso responda a los derechos protegidos por el procedimiento especial».

4.2. Órgano jurisdiccional competente

En esta materia, es ya tradicional distinguir entre competencia objetiva, territorial y funcional.

La **competencia objetiva** distribuye (arts. 8 a 12 de la LJCA) jerárquicamente el conocimiento de los asuntos en su fase declarativa entre los diferentes órganos judiciales del orden contencioso-administrativo que, a tenor del artículo 6 de la LJCA, son:

- Juzgados de lo contencioso-administrativo.
- Juzgados Centrales de lo Contencioso-administrativo.
- Salas de lo contencioso-administrativo de los tribunales superiores de justicia.
- Sala de lo Contencioso-administrativo de la Audiencia Nacional.
- Sala de lo Contencioso-administrativo del Tribunal Supremo.

La competencia objetiva se fundamenta en el principio de jerarquía del acto, de tal forma que los actos emanados de los órganos superiores de la Administración son revisados por el Tribunal Supremo, y, los dictados por los órganos inferiores son enjuiciados por los juzgados.

La **competencia territorial** asigna el conocimiento de un determinado recurso en primera o única instancia a un determinado juzgado o tribunal superior de justicia. El artículo 14.1 de la LJCA, establece las dos reglas clásicas en esta materia: la sede del órgano o el domicilio del reclamante:

- Con carácter general, será competente el órgano jurisdiccional en cuya circunscripción tenga su sede el órgano que hubiere dictado la disposición o el acto originario impugnado.
- Cuando el recurso tenga por objeto actos de las Administraciones públicas en materia de responsabilidad patrimonial, personal, propiedades especiales y sanciones será competente, a elección del demandante, el juzgado o el tribunal en cuya circunscripción tenga aquél su domicilio o se halle la sede del órgano autor del acto originario impugnado. El fuero electivo queda limitado a la circunscripción del tribunal superior de justicia en que tenga su sede el órgano que hubiere dictado el acto originario impugnado, cuando el mismo sea dictado por una comunidad autónoma o una administración local, pues se trata de evitar que el órgano judicial elegido tenga que resolver el litigio aplicando normas del ordenamiento de otra comunidad autónoma. Ejemplo: una sanción de tráfico impuesta por el Ayuntamiento de Tenerife a un administrado domiciliado en Santander será competente para revisarla uno de los juzgados de Tenerife.

– La competencia corresponderá al órgano jurisdiccional en cuya circunscripción radiquen los inmuebles afectados cuando se impugnen planes de ordenación urbana y actuaciones urbanísticas, expropiatorias, y en general, las que comporten intervención administrativa en la propiedad privada.

A TENER EN CUENTA. Como la Audiencia Nacional y el Tribunal Supremo son tribunales con jurisdicción en toda España, no cabe hablar de competencia territorial, ya que la misma se confunde con la objetiva. Lo mismo cabe decir de los Juzgados Centrales de lo Contencioso-administrativo.

La **competencia funcional** distribuye el conocimiento de los asuntos en atención a las distintas fases procesales por las que atraviesa el procedimiento especial para la protección de los derechos fundamentales de la persona. En términos generales podemos afirmar que contra las sentencias dictadas en única instancia por la Sala de lo Contencioso-administrativo de la Audiencia Nacional y de los tribunales superiores de justicia, con independencia de su cuantía, cabe recurso de casación (art. 86 y siguientes de la LJCA) ante el Tribunal Supremo, y, contra las sentencias dictadas por los juzgados, ya sean provinciales o centrales, cabe recurso de apelación ante el tribunal superior de justicia o la Audiencia Nacional. Una vez desestimados estos recursos se puede solicitar el amparo ante el Tribunal Constitucional; pero si el demandante considera que en la resolución del recurso de casación o de apelación se ha vulnerado alguno de sus derechos fundamentales debe iniciar el proceso de nulidad de actuaciones —art. 241 de la LOPJ—, y, contra dicha desestimación, que agota la vía judicial previa, podrá interponer recurso de amparo ante el Tribunal Constitucional.

La **jurisdicción contencioso-administrativa es improrrogable** (art. 9.6 de la LOPJ). Cuando los órganos del orden jurisdiccional contencioso-administrativo aprecien de oficio su falta de jurisdicción, dicha declaración será fundada, y se efectuará indicando siempre el concreto orden jurisdiccional que se estime competente; si la parte demandante se personare ante el mismo en el plazo de un mes desde la notificación de la resolución que declare la falta de jurisdicción, se entenderá haberlo efectuado en la fecha en que se inició el plazo para interponer el recurso contencioso-administrativo, si hubiere formulado éste siguiendo las indicaciones de la notificación del acto o ésta fuese defectuosa (art. 5.3 de la LJCA). Ahora bien, si la notificación fue correcta y se impugnó el acto ante un orden carente de jurisdicción, el error es imputable a la parte, transcurriendo en su perjuicio los plazos de caducidad para interponer el recurso contencioso.

También **es improrrogable la competencia** que debe ser apreciada de oficio por los propios órganos jurisdiccionales, si bien también puede plantear la cuestión cualquiera de las partes. La declaración de incompetencia adoptará la forma de auto y deberá efectuarse antes de la sentencia, remitiéndose las actuaciones al órgano de la jurisdicción que se estime competente para que ante él siga el curso del proceso; si la competencia pudiera corresponder a un tribunal superior en grado, se acompañará una exposición razonada, estándose a lo que resuelva éste (art. 7.3 de la LJCA).

4.3. Interposición del recurso

La mayor ventaja del amparo judicial es que es innecesario agotar la vía administrativa previa, lo cual no impide simultanear este proceso especial con los recursos administrativos. El proceso especial se inicia con un escrito de interposición que debe reunir todos los requisitos del artículo 45 de la Ley 29/1998 —acompañando los documentos relativos a la representación, legitimación y copia del acto administrativo impugnado—, y, además, se expresará con precisión y claridad el derecho o derechos cuya tutela se pretende y, de manera concisa, los argumentos sustanciales que den fundamento al recurso (art. 115.2 de la LJCA). En definitiva, corresponde al demandante justificar *ab initio* que se puede acoger a este proceso especial. No obstante, su defecto es subsanable a través de las alegaciones que puede hacer la actora en el trámite de audiencia sobre la admisibilidad del procedimiento (art. 117.2 de la LJCA), o bien, en el supuesto de inadmisión, mediante la impugnación del auto correspondiente (art. 117.3 de la LJCA).

JURISPRUDENCIA

Sentencia del Tribunal Supremo n.º 957/2022, de 7 de julio, ECLI:ES:TS:2022:2800

«Así, la Sala viene diciendo que, para acceder al procedimiento especial regulado en los artículos 114 y siguientes de la Ley de la Jurisdicción, basta con invocar uno de los derechos fundamentales susceptibles de tutela por este cauce, invocación que puede hacerse con mención del artículo concreto de la Constitución o con la identificación del derecho que se considera infringido efectuada de cualquier forma que lo permita. Y que, además, el escrito de interposición ha de señalar la disposición o la acción u omisión, o la inactividad o vía de hecho de la Administración a las que atribuye la vulneración alegada poniendo de manifiesto la relación de causalidad correspondiente. No se trata —dice esa jurisprudencia— de establecer un relato completo de los hechos sino de enlazar el objeto de la impugnación con el resultado lesivo de derechos fundamentales de un modo que no se revele a sí mismo como absurdo o imposible.

Naturalmente, esas condiciones se podrán cumplir de una forma satisfactoria con pocas palabras en unos casos mientras que en otros serán precisas más explicaciones. Dependerá de cada caso. Ahora bien, la recta interpretación del artículo 115.2 de la Ley de la Jurisdicción no comporta más exigencias que las dichas y el juicio sobre la adecuación o inadecuación del recurso ha de limitarse a comprobar si satisface o no tales exigencias. No es propio del escrito de interposición entrar a argumentar más extremos, ni del control de la admisibilidad del recurso por razón del procedimiento entrar en cuestiones que afectan al fondo del litigio.

La circunstancia de que estemos ante un proceso especial pensado para brindar la tutela judicial preferente y sumaria que la Constitución quiere para los derechos fundamentales no debe conducir a extremar el rigor respecto del cumplimiento de los requisitos de interposición. Al contrario, ha de favorecer el acceso de quienes la pretenden».

Por medio del presente escrito se delimita la actividad administrativa impugnada, sin que quepa modificarla o ampliarla una vez transcurrido el plazo de diez días para la interposición. El artículo 115.1 de la LJCA regula dos plazos para el ejercicio de la acción de amparo judicial: uno, común, de diez días; otro, especial, también de diez días, pero que se inicia transcurridos veinte días desde la reclamación relativa a la inactividad de la Administración, la presentación del recurso administrativo o el inicio de la actuación administrativa en vía de hecho.

- El plazo común de diez días se computará, según los casos, desde el día siguiente al de notificación del acto, publicación de la disposición impugnada, requerimiento para el cese de la vía de hecho, o, transcurso del plazo fijado para la resolución. Este último supuesto, hace referencia al plazo fijado para la resolución de los respectivos procedimientos, por lo que habrá que acudir a la norma específica que los regula. Ejemplo: el procedimiento de la inspección de los tributos debe concluir en 18 meses con carácter general (art. 150.1 de la LGT). Cuando no haya plazo máximo, el mismo será de tres meses (art. 21.3 LPAC); y como máximo, seis meses, salvo que una norma con rango de ley establezca uno mayor o así venga previsto en la normativa comunitaria europea (21.2 LPAC); seis meses, respecto de los procedimientos tributarios (art. 104.1 de la LGT), etc.
- El plazo especial de diez días que se inicia transcurridos veinte días, se aplica en los supuestos de inactividad de la Administración, vía de hecho sin requerimiento previo de cese y cuando se hubieran interpuesto potestativamente recursos administrativos. En este último supuesto no rigen las reglas del silencio administrativo (alzada, tres meses, art. 122.2 de la LPAC; reposición, un mes, art. 124.2 de la LPAC) por lo que cualquier recurso administrativo que se interponga se entiende desestimado por el transcurso del plazo de veinte días. Ejemplo: una sanción de tráfico que vulnera la presunción de inocencia del presunto infractor puede impugnarse por las siguientes vías:
  - Interponer recurso de amparo judicial en el plazo de diez días, a contar desde la notificación de la sanción, ante el juzgado de lo contencioso-administrativo correspondiente.
  - Interponer recurso de reposición en el plazo de un mes: si no hay resolución expresa en el plazo de veinte días, el recurso se entiende desestimado, y, se puede interponer recurso de amparo judicial en el plazo de diez días, aunque también se puede interponer recurso contencioso-administrativo ordinario contra el acto presunto en el plazo de seis meses; si hay resolución expresa pasados los veinte días, sólo cabe recurso contencioso-administrativo ordinario en el plazo de dos meses.

En cuanto a este cómputo de los plazos previstos en el art. 115.1 de la LJCA se ha pronunciado el Tribunal Supremo en la **sentencia, rec. 2914/2014, de 16 de diciembre, ECLI:ES:TS:2015:5538** en la que señala:

> «La simple lectura de los plazos expresados permite desestimar la extemporaneidad del recurso, puesto que el recurso contencioso-administrativo por este procedimiento especial para la protección de los derechos fundamentales de la persona, pudo interponerse de modo temporáneo o bien en el plazo de 10 días desde que se dictó el acto inicial, o bien, dado

que se optó por promover un recurso ordinario, en el plazo máximo de 20 días desde la presentación de dicho recurso, para entenderlo desestimado y 10 días para la formulación de este recurso especial, y en este caso el recurso se interpone el 18 de febrero de 2013, y transcurridos 20 días (el 10 de marzo de 2013), se inicia el cómputo de diez días que finaliza el 20 de marzo, habiéndose presentado el escrito ante esta Sala el 19 de marzo anterior».

El plazo es de caducidad, esto es, improrrogable, constituyendo un presupuesto procesal controlable de oficio, siendo aplicable el artículo 135.5 de la LEC, pudiendo presentarse el recurso hasta las quince horas del día hábil siguiente al del vencimiento del plazo. Ahora bien, como los actos administrativos que lesionan los derechos y libertades susceptibles de amparo constitucional, son nulos de pleno derecho, se podrá ejercitar la acción de nulidad del artículo 106 de la LPAC.

4.4. Medidas cautelares

Las medidas cautelares son comunes a todo tipo de procesos, por ello, en este proceso especial también serán aplicables los artículos 129 a 136 de la LJCA. Normalmente, en el «suplico» del escrito de interposición se solicitará la suspensión de la ejecución del acto administrativo impugnado, bien entendido, que el actor puede solicitar en cualquier momento del proceso —o incluso antes de su iniciación (art. 136.2 de la LJCA)— no ya la suspensión del acto impugnado, sino la medida cautelar que estime más adecuada en orden a la satisfacción de su pretensión.

El privilegio de autotutela atribuido a la Administración pública no es contrario a la Constitución, sino que engarza con el principio de eficacia enunciado en el artículo 103.1 de la Carta Magna, y la ejecutividad de sus actos, en términos generales y abstractos, tampoco puede estimarse como incompatible con el artículo 24.1 de la Constitución, pero de este mismo derecho fundamental deriva la potestad jurisdiccional para adoptar medidas cautelares y suspender la ejecución por los motivos que la ley señala. Más la efectividad de la tutela judicial respecto de derechos o intereses legítimos reclama la posibilidad de acordar medidas adecuadas para asegurar la eficacia real del pronunciamiento futuro que recaiga en el proceso, evitando un daño irremediable de los mismos. Es más, la fiscalización plena, sin inmunidades de poder, de la actuación administrativa impuesta por el artículo 106.1 de la Constitución comporta que el control judicial se extienda también al carácter inmediatamente ejecutivo de sus actos. El derecho a la tutela se satisface, pues, facilitando que la ejecutividad pueda ser sometida a la decisión de un tribunal y que éste, con la información y contradicción que resulte menester, resuelva sobre la suspensión. El **auto del Tribunal Supremo, rec. 340/2023, de 26 de junio, ECLI:ES:TS:2023:9165A** establece que la decisión sobre la procedencia de la medida cautelar comporta un alto grado de ponderación conjunta de criterios por parte del tribunal, que puede resumirse en los siguientes términos:

- Necesidad de justificación o prueba, aun incompleta o por indicios, de aquellas circunstancias que puedan permitir al tribunal efectuar la valoración de la procedencia de la medida cautelar. El interesado en obtener la suspensión tiene la carga de probar adecuadamente qué daños y perjuicios de reparación imposible o difícil concurren en el caso para acordar la suspensión, sin que baste una invocación genérica.
- Imposibilidad de prejuzgar el fondo del asunto. Las medidas cautelares tienen como finalidad que no resulten irreparables las consecuencias derivadas de la duración del proceso. De modo que la adopción de tales medidas no puede confundirse con un enjuiciamiento sobre el fondo del proceso.
- El *periculum in mora* (art. 130.1 de la LJCA) constituye el primer criterio a considerar para la adopción de la medida cautelar. Si bien, ha de tenerse en cuenta que el aseguramiento del proceso, no se agota, en la fórmula clásica de la irreparabilidad del perjuicio, sino que su justificación puede presentarse, con abstracción de eventuales perjuicios, siempre que se advierta que, de modo inmediato, puede producirse una situación que haga ineficaz el proceso. Si bien se debe tener en cuenta que la finalidad asegurable a través de las medidas cautelares es la finalidad legítima que se deriva de la pretensión formulada ante los tribunales.
- Deben ponderarse las circunstancias que concurren en cada caso y los intereses en juego, tanto los públicos como los particulares, en forma circunstanciada (art. 130.2 de la LJCA).
- *El fumus boni iuris* supuso una gran innovación respecto a los criterios tradicionales utilizados para la adopción de las medidas cautelares, si bien debe tenerse en cuenta que la más reciente jurisprudencia hace una aplicación mucho más matizada de esta doctrina.

4.5. Remisión del expediente administrativo, emplazamientos y trámite de admisión

El artículo 116 de la LJCA dispone que en el mismo día de la presentación del recurso o en el siguiente, el letrado de la Administración de Justicia requerirá con carácter urgente al órgano administrativo correspondiente, acompañando copia del escrito de interposición, para que en el plazo máximo de cinco días, a contar desde la recepción del requerimiento, cumpla las siguientes obligaciones:

- Remita el expediente administrativo completo acompañando los informes y datos que estime procedentes. En el supuesto de que la Administración demandada no remita el expediente, se producen las siguientes consecuencias:

- El proceso no se suspende, siguiéndose el curso de los autos sin el expediente administrativo (art. 116.4 de la LJCA), reiterando la reclamación con la imposición de multas coercitivas a la Administración y la posibilidad de poner los hechos en conocimiento del Ministerio Fiscal (art. 48 apartados 7 a 10 de la LJCA).
- La Administración no podrá solicitar la inadmisión de este proceso especial (arts. 116.3 y 58.2 de la LJCA).
- La Administración no podrá contestar a la demanda, ni aportar documentos, ni proponer ni practicar medio probatorio alguno, ya que sólo se puede pedir el recibimiento del proceso a prueba por medio de otrosí, en los escritos de demanda y contestación (art. 60.1 de la LJCA).

Si el expediente se recibe una vez transcurrido el plazo de cinco días, el letrado de la Administración de Justicia, sin alterar el curso del procedimiento, lo pondrá de manifiesto a las partes por plazo de cuarenta y ocho horas, para que puedan formular alegaciones (art. 116.5 de la LJCA).

– Emplace a los que aparezcan como interesados, es decir, a los titulares de derechos subjetivos e intereses legítimos, para que puedan comparecer en el plazo de cinco días (art. 116.2 de la LJCA). Las partes codemandadas pueden personarse con posterioridad a ese plazo, pero sin que se produzca la retroacción de las actuaciones ya precluidas (art. 50.3 de la LJCA).

El «emplazamiento» de la Administración se entenderá efectuado por la reclamación del expediente (art. 50.1 de la LJCA); la «personación» se produce con el envío del expediente (art. 50.2 de la LJCA). La Administración demandada, con el envío del expediente, y los codemandados, al comparecer, podrán solicitar razonadamente la inadmisión del amparo y la celebración de la comparecencia sobre la procedencia de este proceso especial, cuando consideren que, del estudio del escrito de interposición y del expediente administrativo, no existe la vulneración del derecho fundamental invocado por el actor (art. 116.3 de la LJCA). En el supuesto de posibles motivos de inadmisión, el letrado de la Administración de Justicia convocará a las partes y al Ministerio Fiscal a una comparecencia, que habrá de tener lugar antes de transcurrir cinco días, en la que se les oirá sobre la procedencia de dar al recurso la tramitación prevista en este proceso especial (art. 117.2 de la LJCA). En el día siguiente, el órgano jurisdiccional dictará auto mandando proseguir las actuaciones por este trámite o acordando su inadmisión por inadecuación del procedimiento. Contra el auto de archivo cabe interponer:

– Recurso de apelación, si el auto es dictado por los juzgados de lo contencioso-administrativo o por los Juzgados Centrales de lo Contencioso-administrativo (LJCA 80.1.c), correspondiendo su conocimiento a las respectivas salas del tribunal superior de justicia y a la Audiencia Nacional.

– Recurso de casación, previa interposición de recurso de reposición (art. 87.3 de la LJCA), si el auto es dictado por las salas del tribunal superior de justicia o de la Audiencia Nacional. Al Tribunal Supremo corresponde el conocimiento del recurso de casación.

4.6. Demanda

Si el procedimiento elegido por el actor es el idóneo, el letrado de la Administración de Justicia dictará decreto mandando seguir las actuaciones, dentro del siguiente día a la recepción del expediente o transcurrido el plazo para la remisión del mismo (art. 117.1 de la LJCA). Acordada dicha prosecución, el letrado de la Administración de Justicia pondrá de manifiesto al recurrente el expediente y demás actuaciones para que en el plazo improrrogable de ocho días pueda formalizar la demanda —la cual tendrá el contenido previsto en el art. 399 de la LEC— y acompañar los documentos que convengan a su derecho (art. 118.1 de la LJCA). Lógicamente, el actor en su demanda deberá «justificar», utilizando cuantos medios de prueba tenga a su alcance, que la Administración ha vulnerado sus derechos fundamentales, y «pedir» al tribunal o a la sala que así lo declare en su fallo, siendo doctrina del Tribunal Constitucional, que el cumplimiento de este requisito no exige que en el proceso judicial se haga una mención concreta y numérica del precepto constitucional en el que se reconozca el derecho vulnerado o la mención de su *nomen iuris*, siendo suficiente que se efectúe de manera que se cumpla la finalidad perseguida con aquel requisito, lo que significa que ha de someterse el hecho fundamentador de la vulneración al análisis de los órganos judiciales, delimitando y acotando su contenido (SSTC **n.º 55/2006, de 27 de febrero, ECLI:ES:TC:2006:55; n.º 71/2007, de 16 de abril, ECLI:ES:TC:2007:71; n.º 212/2009, de 26 de noviembre, ECLI:ES:TC:2009:212**; entre otras). Esta fase de formalización de la demanda nos merece los siguientes comentarios:

- A diferencia del procedimiento ordinario, el expediente administrativo no se entrega a las partes, sino que se pone de manifiesto en la propia secretaría del órgano judicial.
- Transcurrido el término para la remisión del expediente administrativo sin que éste se hubiera enviado, la parte recurrente podrá pedir que se le conceda plazo para formalizar la demanda, en este caso, en el momento en que se reciba el expediente el letrado de la Administración de Justicia lo pondrá de manifiesto para que, en el plazo de diez días, efectúen las alegaciones complementarias que estimen oportunas (art. 53 de la LJCA). Por su parte, la Administración demandada no podrá contestarla si no acompaña el expediente administrativo (art. 54.1 de la LJCA).
- Si la demanda —con tantas copias como partes demandadas— no se presenta en el improrrogable plazo de ocho días hábiles, el juzgado o la sala, de oficio, declarará por auto la caducidad del recurso; no obstante, se admitirá el escrito de demanda, y producirá sus efectos legales, si se presentare dentro del día en que se notifique el auto (art. 52.2 de la LJCA), siendo aplicable, asimismo, el artículo 135.5 de la LEC, de tal forma que la demanda se podrá presentar hasta las quince horas del día hábil siguiente al de la notificación del auto.

– En la demanda se consignarán con la debida separación los hechos, los fundamentos de derecho y las pretensiones que se deduzcan, en justificación de las cuales podrán alegarse cuantos motivos procedan, hayan sido o no planteados ante la Administración (art. 56.1 de la LJCA). La relación de los hechos adquiere una importancia capital, pues deben evidenciar que se ha producido la lesión del derecho fundamental invocado, máxime teniendo en cuenta que en este proceso especial no hay fase de conclusiones.

A TENER EN CUENTA. La **sentencia del Tribunal Supremo, rec. 1999/1989, de 4 de octubre de 1993, ECLI:ES:TS:1993:18099** ha señalado *«(...) la exigencia de consignar en la demanda, con la debida separación, los fundamentos de Derecho, además de los hechos y las pretensiones que se deduzcan (...), no se satisface con la genérica remisión al contenido de escritos que surtieron electo en el procedimiento administrativo de modo que no puede tenerse como fundamento de Derecho la indicada alusión, sin otras especificaciones, a un escrito que integra el expediente administrativo»*.

– En relación con la aportación de documentos, las partes —el actor— tienen una doble obligación: aportarlos por sus propios medios y hacerlo junto con la demanda (art. 56.3 de la LJCA). Esta doble obligación, presenta algunas excepciones:
  - Si los documentos no obraren en su poder, designará el archivo, oficina, protocolo o persona en cuyo poder se encuentren, bien entendido que no se necesita el auxilio judicial cuando los documentos obren en registros o archivos a los que las partes tengan acceso (art. 265.2 de la LEC).
  - Después de la demanda sólo se podrán presentar los documentos que se encuentren en alguno de los supuestos recogidos en el artículo 270.1 de la LEC (art. 56.4 de la LJCA).

– El recibimiento del proceso a prueba —excluida la documental que inexcusablemente se debe aportar con la demanda— sólo se puede pedir por medio de otrosí en el escrito de demanda y contestación y en el de alegaciones complementarias (art. 60.1 de la LJCA).

CUESTIÓN

¿La demanda debe contener de forma concreta y expresa la pretensión en el «suplico»?

No, el Tribunal Supremo en el **auto, rec. 1290/2021, de 8 de febrero, ECLI:ES:TS:2022:2038** ha señalado que:

«(...) La sentencia estima excesivamente rigorista y desproporcionado que el órgano judicial considere que el hecho de no incluir de forma concreta y expresa la pretensión en el suplico de demanda equivale a su ausencia, sin realizar el análisis de las cuestiones de fondo planteadas. En este sentido recuerda que el suplico es un elemento que puede y tiene que ser integrado con los restantes elementos de la demanda que, en este caso, permite ver con claridad cuál es la finalidad de activar el mecanismo judicial (...)».

4.7. Alegaciones

Formalizada la demanda, el letrado de la Administración de Justicia dará traslado de la misma al Ministerio Fiscal y a las partes demandadas para que, a la vista del expediente, presenten sus alegaciones en el plazo común e improrrogable de ocho días y acompañen los documentos que estimen oportunos (art. 119 de la LJCA), siendo aplicable lo antes dicho sobre los medios de prueba, tanto a la demanda como a la contestación, si bien en la contestación a la demanda habrán de negarse o admitirse los hechos aducidos por el actor (art. 405.2 de la LEC), pudiendo el tribunal considerar el silencio o las respuestas evasivas del demandado como admisión tácita de los hechos que le sean perjudiciales. Ya hemos visto, que si la demanda se hubiera formalizado sin haberse recibido el expediente administrativo, se emplazará a la Administración demandada para contestar, apercibiéndole de que no se admitirá la contestación si no va acompañada de dicho expediente, lo que acarreará las siguientes consecuencias:

- Posibilidad de que se sancione a la Administración (art. 48 apartados 7 a 10 de la LJCA).
- Imposibilidad de proponer medios de prueba (arts. 60.1 y 119 de la LJCA).
- Imposibilidad de emplazamiento de los que aparezcan como interesados en el expediente (arts. 48.1 y 116.2 de la LJCA).
- Imposibilidad de la Administración de alegar la incompetencia del órgano jurisdiccional o la inadmisibilidad del recurso (arts. 58 y 116.3 de la LJCA).

En estos procesos, el Ministerio Fiscal siempre es parte «imparcial» y actúa en defensa de la legalidad —defiende los derechos de los ciudadanos y el interés público conforme al art. 124.1 de la CE— postulándose a favor o en contra de otorgar el amparo; sin embargo, el representante de la Administración defiende a la parte demandada y utilizará todos los medios legales a su alcance, ya sean puramente procesales o relativos al fondo del asunto, para vencer en juicio.

4.8. Prueba

Evacuado el trámite de alegaciones o transcurrido el plazo para efectuarlas, el órgano jurisdiccional decidirá en el siguiente día sobre el recibimiento a prueba, con arreglo a las normas generales establecidas en la Ley 29/1998, de 13 de julio, y sin perjuicio de la posibilidad de exclusión de la fase probatoria contemplada en el artículo 57 de la citada norma. El período probatorio no será en ningún caso superior a veinte días comunes para su proposición y práctica (art. 120 de la LJCA), debiendo las partes concretar los medios de prueba que se han de efectuar, proponiendo la que singularmente proceda. Esta fase, que se rige por el principio de libre y conjunta apreciación de la prueba por el juez, nos merece los siguientes comentarios:

- El artículo 24.2 de la Constitución eleva a la categoría de fundamental el derecho de los ciudadanos *«a utilizar los medios de prueba pertinen-*

tes para su defensa», habiendo declarado el Tribunal Constitucional, en **sentencia n.° 89/1995, de 6 de junio, ECLI:ES:TC:1995:89** que:

> «(...) dicho derecho fundamental implica el de proponer los medios de prueba autorizados por el ordenamiento (SSTC 101/1989, 233/1992), pero no faculta, sin embargo, para exigir la admisión de cualesquiera pruebas que puedan las partes proponer, sino tan sólo la recepción y práctica de las que sean declaradas pertinentes por los órganos judiciales (STC 40/1986, 60 y 196/1988, 22/1990, 205/1991, 87/1992, entre otras), juicio de pertinencia que, como ha requerido este Tribunal, debe ser puntualmente motivado "por exigencia no sólo de las leyes procesales, sino también de la norma constitucional, pues de otro modo se haría imposible la protección del derecho fundamental en sucesivas instancias y, en último término, en la jurisdicción constitucional" (STC 40/1986, fundamento jurídico 2.°)».

- El principio general que rige en esta materia está contenido en el artículo 60.3 de la LJCA *«Se recibirá el proceso a prueba cuando exista disconformidad en los hechos y éstos fueran de trascendencia, a juicio del órgano jurisdiccional, para la resolución del pleito. Si el objeto del recurso fuera una sanción administrativa o disciplinaria, el proceso se recibirá siempre a prueba cuando exista disconformidad en los hechos»*. Lógicamente, las reglas comunes a todos los medios de prueba son aplicables al recurso de amparo judicial, entre otras:

  • La apertura del procedimiento probatorio, sólo se puede solicitar en la demanda, en la contestación y en los escritos de alegaciones complementarias, por medio de otrosí, indicando los hechos controvertidos objeto de prueba. En dichos escritos deberán expresarse en forma ordenada los puntos de hecho sobre los que haya de versar la prueba y los medios de prueba que se propongan (art. 60.1 de la LJCA). El Juez acordará la apertura del procedimiento probatorio cuando considere que existen hechos controvertidos, no admitiendo ninguna prueba que sea impertinente o inútil (art. 183 de la LEC).

  • El actor puede pedir por otrosí en su demanda que el recurso se falle sin necesidad de recibimiento a prueba. En este supuesto, el letrado de la Administración de Justicia declarará concluso el pleito, si la parte demandada no se opone (art. 57 de la LJCA) y el juez no acuerda de oficio la práctica de cuantas estime pertinentes para la más acertada decisión del asunto (LJCA 61.1).

  • El período probatorio no será en ningún caso superior a veinte días para su proposición y práctica (art. 120 de la LJCA *in fine*)

  • Contra el auto que deniegue el recibimiento a prueba cabe recurso de reposición (art. 79 de la LJCA).

4.9. Sentencia

Una vez finalizado el período probatorio, el juicio queda visto para sentencia, ya que este proceso especial carece de la fase de conclusiones o vista. El artículo 121.1 de la LJCA, lo afirma en términos lapidarios: «Conclusas *las actuaciones, el* órgano *jurisdiccional dictará sentencia en el plazo de cinco días*». Este plazo se incumple sistemáticamente debido a la carga de trabajo de los tribunales, siendo aplicable entonces el artículo 67.2 de la citada ley, del siguiente tenor: «Cuando *el Juez o Tribunal apreciase que la sentencia no podrá dictarse dentro del plazo indicado, lo razonará debidamente y señalará una fecha posterior concreta en la que se dictará la misma, notificándolo a las partes»*.

En el *petitum* de la demanda se pueden solicitar las mismas pretensiones que en el proceso ordinario, es decir, la anulación del acto (recurso de anulación) o el reconocimiento de una situación jurídica individualizada (recurso de plena jurisdicción) y la adopción de las medidas adecuadas para el pleno restablecimiento de la misma, entre ellas la indemnización de daños y perjuicios, cuando proceda (art. 31 de la LJCA).

- Si la violación de los derechos fundamentales trae causa de la inactividad de la Administración, el demandante podrá solicitar que se condene a la Administración al cumplimiento de sus obligaciones en los concretos términos en que estén establecidas (art. 32.1 de la LJCA):
- Si la violación de los derechos fundamentales trae causa de una actuación material constitutiva de vía de hecho, el demandante podrá pretender que se declare contraria a derecho, que se ordene el cese de dicha actuación y que se reconozca, en su caso, una situación jurídica individualizada (art. 32.2 de la LJCA).

El tribunal competente debe actuar con plenitud de jurisdicción respecto a las circunstancias fácticas que dieron lugar a la vulneración por el acto administrativo de los derechos fundamentales que se denuncian en la demanda —y esa es su función— conocer y pronunciarse acerca de todas las cuestiones que se planteen en la demanda, tanto de hecho como de derecho, relacionadas con el contenido de los derechos fundamentales invocados, para, previo su enjuiciamiento y fundamentación, adoptar la resolución que estime procedente (**STC n.° 95/1997, de 19 de mayo, ECLI:ES:TC:1997:95**), dejando aparte las cuestiones de legalidad ordinaria que no tengan relación directa con los derechos fundamentales presuntamente lesionados. Al efecto, dispone el artículo 121.2 de la LJCA, que *«La sentencia estimará el recurso cuando la disposición, la actuación o el acto incurran en cualquier infracción del ordenamiento jurídico, incluso la desviación de poder, y como consecuencia de la misma vulneren un derecho de los susceptibles de amparo»*.

La sentencia debe ser motivada, siendo esta una exigencia implícita en el art. 24 de la CE, que se hace patente en una interpretación sistemática de este precepto en relación con el art. 120.3 de la CE. En un estado de derecho hay que dar razón del derecho judicialmente interpretado y aplicado, respondiendo a una doble finalidad:

- Exteriorizar el fundamento de la decisión, haciendo explícito que ésta responde a una determinada aplicación de la ley.
- Permitir su eventual control jurisdiccional mediante el ejercicio de los recursos.

Ahora bien, es doctrina constitucional que no es exigibles un razonamiento judicial exhaustivo y pormenorizado, tal y como ha recogido la **sentencia del Tribunal Constitucional n.º 13/2001, de 29 de enero, ECLI:ES:TC:2001:13**:

> «Ahora bien, de acuerdo con una consolidada doctrina constitucional, desde la perspectiva del derecho a la tutela judicial efectiva, como derecho a obtener una decisión fundada en Derecho, no es exigible un razonamiento judicial exhaustivo y pormenorizado de todos los aspectos y perspectivas que las partes puedan tener de la cuestión que se debate, sino que basta con que el Juzgador exprese las razones jurídicas en las que se apoya para tomar su decisión, de modo que deben considerarse suficientemente motivadas aquellas resoluciones judiciales que vengan apoyadas en razones que permitan conocer cuáles han sido los criterios jurídicos esenciales fundamentadores de la decisión, esto es, la ratio decidendi que determina aquélla. No existe, por lo tanto, un derecho fundamental del justiciable a una determinada extensión de la motivación, puesto que su función se limita a comprobar si existe fundamentación jurídica y, en su caso, si el razonamiento que contiene constituye, lógica y jurídicamente, suficiente motivación de la decisión adoptada, cualquiera que sea su brevedad y concisión, incluso en supuestos de motivación por remisión (por todas, SSTC 184/1998, de 28 de septiembre, FJ 2; 187/1998, de 28 de septiembre, FJ 9; 215/1998, de 11 de noviembre, FJ 3; 206/1999, de 8 de noviembre, FJ 3, 187/2000, FJ 2)».

Otro requisito que debe cumplir la sentencia es la congruencia procesal, la cual, exige juzgar dentro del límite no sólo de las pretensiones formuladas por las partes, sino también de las alegaciones deducidas para fundamentar el recurso y la oposición, no pudiendo satisfacer más de lo pedido por el demandante, ni menos de lo resistido por la parte demandada, ni otorgar algo distinto a lo solicitado por todas ellas. El principio de congruencia es en este orden jurisdiccional contencioso-administrativo más riguroso que en el orden civil, pues mientras que en éste la congruencia de la sentencia viene referida a la demanda y a las demás pretensiones deducidas oportunamente en el pleito, pero no a los motivos que sirven de fundamento a la pretensión o a la oposición del demandado, debiendo juzgar dentro del límite de las pretensiones formuladas por las partes y de las alegaciones deducidas para fundamentar el recurso y la oposición, así lo tiene declarado de manera reiterada el Tribunal Supremo en sentencias como la **STS, rec. 1533/2004, de 13 de julio, ECLI:ES:TS:2006:4360** que señala:

> «La congruencia de la sentencia ha de ser entendida como adecuación entre los pronunciamientos judiciales y lo que se pidió al Juez, incluida

la razón de ser de las pretensiones, esto es, que el ámbito de la decisión está referido no sólo a las pretensiones formuladas, sino que aquella ha de basarse en razón a las alegaciones deducidas para fundamentarla. Y como reiteradamente esta Sala ha dicho, la congruencia en el orden jurisdiccional contencioso administrativo es más exigente que en el proceso civil, pues mientras que en éste la congruencia de la sentencia viene referida a la demanda y a las demás pretensiones deducidas oportunamente en el pleito, pero no a los motivos que sirven de fundamento a la pretensión o a la oposición del demandado —con alguna excepción que no hace al caso—, las Salas de lo Contencioso Administrativo vienen obligadas a juzgar dentro del límite de las pretensiones formuladas por las partes y de las alegaciones deducidas para fundamentar el recurso y la oposición. A ello en nada obsta el que también se haya admitido la respuesta implícita cuando del razonamiento de la sentencia quepa deducir fuera de toda duda que se ha producido esa respuesta (...)».

CUESTIÓN

Si una sentencia es incongruente, ¿debemos entender que también le falta la motivación?

No, ya que estamos ante condiciones distintas, así lo ha declarado el Tribunal Supremo en la **sentencia n.° 51/2020, de 22 de enero, ECLI:ES:TS:2020:143**: «*Por lo que se refiere a la necesidad de distinguir la incongruencia de la falta de motivación es doctrina de este tribunal (entre otras, sentencia 54/2012, de 6 febrero) que: "La incongruencia constituye un motivo y la falta de motivación otro, por la sencilla razón de que una sentencia puede ser congruente, aunque no esté motivada y, cabe que pese a estar motivada, la sentencia sea incongruente (sentencias 1 de diciembre de 1998; 25 enero 1999; 2 de marzo de 2000; 25 septiembre 2003). En consecuencia, no cabe hablar de falta de motivación desde la perspectiva casacional por el hecho de que la sentencia hubiera dejado de pronunciarse sobre determinadas pretensiones de las partes, pues precisamente la falta de motivación ha de ponerse en relación con el pronunciamiento que se considera inexplicado y ausente de respaldo; lo que cabalmente es distinto e incompatible con la incongruencia que (...) consiste en la falta de pronunciamiento o en el pronunciamiento discordante con el objeto del proceso y las alegaciones efectuadas por las partes en defensa de sus pretensiones"*».

Finalmente, la ejecución de las sentencias debe hacerse en sus propios términos lo que significa el respeto a su firmeza y a la intangibilidad de las situaciones jurídicas en ellas declaradas. Este derecho asegura a los que son o han sido parte en un proceso, que las resoluciones judiciales dictadas en el mismo no pueden ser modificadas fuera de los cauces legales previstos para ello.

4.10. Especialidad del derecho de reunión

El artículo 21 de la Constitución, en su apartado primero, reconoce el derecho de reunión pacífica y sin armas, cuyo ejercicio no necesita autorización previa, disponiendo el apartado segundo del citado precepto, que: «*En los casos de reuniones en lugares de tránsito público y manifestaciones se dará comunicación previa a la autoridad, que sólo podrá prohibirlas cuando existan razones fundadas de alteración del orden público, con peligro para personas o bienes»*. Este derecho fundamental ha sido desarrollado por la Ley Orgánica 9/1983, de 15 de julio, reguladora del derecho de reunión cuyo artículo 8 dispone que:

> «La celebración de reuniones en lugares de tránsito público y de manifestaciones deberán ser comunicadas por escrito a la autoridad gubernativa correspondiente por los organizadores o promotores de aquéllas, con una antelación de diez días naturales, como mínimo y treinta como máximo. Si se tratare de personas jurídicas la comunicación deberá hacerse por su representante.
>
> Cuando existan causas extraordinarias y graves que justifiquen la urgencia de convocatoria y celebración de reuniones en lugares de tránsito público o manifestaciones, la comunicación, a que hace referencia el párrafo anterior, podrá hacerse con una antelación mínima de veinticuatro horas».

El artículo 122 de la LJCA, contiene una serie de especialidades, relativas al derecho de reunión, que podemos concretar en los siguientes puntos:

- El recurso debe interponerse ante la sala de lo contencioso-administrativo del tribunal superior de justicia (art. 10.1 h) de la LJCA), en el plazo de las cuarenta y ocho horas siguientes a la notificación de la prohibición o modificación propuesta por la autoridad gubernativa.
- Los promotores asumen la carga de trasladar a la autoridad gubernativa copia debidamente registrada del escrito del recurso, con la finalidad de que ésta remita inmediatamente el expediente.
- Rige el principio de concentración, ya que el letrado de la Administración de Justicia, en el plazo improrrogable de cuatro días, y poniendo de manifiesto el expediente si se hubiera recibido, convocará al representante legal de la Administración, al Ministerio Fiscal y a los recurrentes o a la persona que éstos designen como representante a una audiencia en la que el tribunal, de manera contradictoria, oirá a todos los personados y resolverá sin ulterior recurso (art. 122.2 de la LJCA).

La decisión que se adopte únicamente podrá mantener o revocar la prohibición o las modificaciones propuestas.

Del análisis del mentado precepto se deduce que el procedimiento específico de protección judicial del derecho de reunión se caracteriza por su rapidez y su cognición limitada (**STS, rec. 6500/1999, de 11 de octubre de 2004, ECLI:ES:TS:2004:6358**) y ello derivado de la claridad del art. 21 de la CE que tal como ha declarado el Tribunal Constitucional en la **sentencia n.º 59/1990, de 29 de marzo, ECLI:ES:TC:1990:59** «*De la exégesis del art. 21 de la Constitución queda suficientemente claro que dos son los límites o requisitos constitucionales que han de cumplir los ciudadanos que decidan manifestarse en una vía pública: que la reunión sea pacífica y que anuncien a la autoridad el ejercicio de su derecho*».

4.11. El cierre de las páginas web

El artículo 20 de la Constitución reconoce y otorga una protección cualificada al derecho a expresar y difundir libremente los pensamientos, ideas y opiniones mediante la palabra, la imagen o cualquier otro medio; pero junto a la libertad de expresión, se consagra el derecho a la producción y creación literaria, artística, científica y técnica. La protección de la propiedad intelectual se ha encomendado a un órgano colegiado de ámbito nacional de nueva creación —la **Sección Segunda de la Comisión de Propiedad Intelectual,** cuyo funcionamiento se regula en el Real Decreto 1889/2011, de 30 de diciembre— cuyo cometido es la **mediación, arbitraje y salvaguarda de los derechos de propiedad intelectual** frente a su vulneración por los responsables de servicios de la sociedad de información, si bien actuará **siempre a instancia del titular de los derechos de propiedad intelectual que se consideren vulnerados o de la persona que tuviera encomendado su ejercicio,** siendo preceptiva la autorización judicial tanto para revelar los datos personales de los presuntos infractores —es necesaria la autorización judicial para que sea desvelada la identidad de la persona adjudicataria de la dirección IP con la que operan los ciudadanos en Internet—, como para ejecutar las medidas tendentes al cierre de las páginas web.

El artículo 8.1 de la Ley 34/2002, de 11 de julio, de servicios de la sociedad de la información y de comercio electrónico, dispone que «*En caso de que un determinado servicio de la información atente o pueda atentar contra los principios que se expresan a continuación, los* órganos *competentes para su protección, en ejercicio de las funciones que tengan legalmente atribuidas, podrán adoptar las medidas para que se interrumpa su prestación o para retirar los datos que los vulneran (...)*», figurando entre dichos principios «la salvaguarda de los derechos de propiedad intelectual».

El apartado 2 del citado precepto dispone: «*Los órganos competentes para la adopción de las medidas a que se refiere el apartado anterior, con el objeto de identificar al responsable del servicio de la sociedad de la información que está realizando la conducta presuntamente vulneradora, podrán requerir a los prestadores de servicios de la sociedad de la información la cesión de los datos que permitan tal identificación a fin de que pueda comparecer en el procedimiento. Tal requerimiento exigirá la previa autorización judicial de acuerdo con lo previsto en el apartado primero del artículo 122 bis de la Ley reguladora de la Jurisdicción contencioso-administrativa. Una vez obtenida la autorización, los prestadores estarán obligados a facilitar los datos necesarios para llevar a cabo la identificación*». Al respecto, el artículo 9.2 de la LJCA, dispone que «Corresponderá *a los Juzgados Centrales de lo Contencioso-Administrativo, la autorización a que se refiere el artículo 8.2 de la Ley 34/2002 así como autorizar la ejecución de los actos adoptados por la Sección Segunda de la Comisión de Propiedad Intelectual para que se interrumpa la prestación de servicios de la sociedad de la información o para que se retiren contenidos que vulneren la propiedad intelectual, en aplicación de la Ley 34/2002, de 11 de julio, de Servicios de la Sociedad de la información y de Comercio Electrónico*».

La **intervención judicial previa viene regulada en el artículo 122 bis de la LJCA**, en dos momentos procesales distintos:

- Primero, para **desvelar la identidad de la terminal, teléfono o titular del contrato de un determinado IP**. El juzgado en el **plazo de 24 horas** siguientes a la petición de la Sección segunda de la Comisión de Propiedad Intelectual y, **previa audiencia del Ministerio Fiscal** dictará resolución autorizando la solicitud efectuada siempre que no resulte afectado el artículo 18, apartados 1 y 3, de la Constitución.
- Segundo, para que **se interrumpa la prestación de servicios de la sociedad de la información o para que se retiren contenidos** que vulneren la propiedad intelectual. En el **plazo improrrogable de dos días** siguientes a la recepción de la notificación de la resolución de la Comisión y poniendo de manifiesto el expediente, el juzgado convocará al **representante legal de la Administración, al Ministerio Fiscal y a los titulares de los derechos y libertades afectados o a la persona que éstos designen como representante** a una audiencia, en la que, de manera contradictoria, el juzgado oirá a todos los personados y **resolverá en el plazo improrrogable de dos días mediante auto**.

Por último, hay que citar la **sentencia de la Audiencia Nacional, rec. 704/2008, de 22 de marzo de 2011, ECLI:ES:AN:2011:1298** que declara nula la Orden Ministerial que actualizaba las tarifas de compensación por copia privada para equipos y soportes digitales —canon digital— por no haberse cumplido ninguno de los trámites esenciales e inexcusables en su elaboración y adolecer de defectos formales.

4.12. Autorización de medidas de las autoridades sanitarias

Por medio de la **disposición final 2.4 de la Ley 3/2020, de 18 de septiembre se añade a la LJCA el art. 122 quater** con el fin de regular el procedimiento para la autorización o ratificación judicial de las **medidas que las autoridades sanitarias consideren urgentes y necesarias para la salud pública** e impliquen limitación o restricción de derechos fundamentales.

Este precepto se encarga de las **autorizaciones a que se refiere el art. 8.6 de la LJCA** que en el párrafo segundo establece «*Asimismo, corresponderá a los Juzgados de lo Contencioso-administrativo la autorización o ratificación judicial de las medidas adoptadas con arreglo a la legislación sanitaria que las autoridades sanitarias consideren urgentes y necesarias para la salud pública e impliquen limitación o restricción de derechos fundamentales cuando dichas medidas estén plasmadas en actos administrativos singulares que afecten* únicamente *a uno o varios particulares concretos e identificados de manera individualizada*».

En su redacción el artículo 122 quater contempla que se aplica también a las autorizaciones o ratificaciones previstas en los arts. 10.8 y 11.1 i) de la

LJCA, sin embargo esta previsión fue declarada inconstitucional por la **STC n.º 70/2022, de 2 de junio, ECLI:ES:TC:2022:70** que dispone:

> «(...) la autorización judicial de las medidas sanitarias de alcance general prevista en el cuestionado art. 10.8 LJCA, que además no tiene respaldo en ninguna ley sustantiva, provoca una reprochable confusión entre las funciones propias del Poder Ejecutivo y las de los tribunales de justicia, que menoscaba tanto la potestad reglamentaria como la independencia y reserva de jurisdicción del Poder Judicial, contradiciendo así el principio constitucional de separación de poderes, consustancial al Estado social y democrático de Derecho (arts. 1.1, 97, 106.1 y 117 CE).
>
> Esa inconstitucional conmixtión de potestades quebranta también el principio de eficacia de la actuación administrativa (art. 103.1 CE) y limita o dificulta igualmente, como ya se dijo, la exigencia de responsabilidades políticas y jurídicas al Poder Ejecutivo en relación con sus disposiciones sanitarias generales para la protección de la salud pública, en detrimento del principio de responsabilidad de los poderes públicos, consagrado en el art. 9.3 CE. Quiebra, asimismo, como también hemos señalado, los principios constitucionales de publicidad de las normas y de seguridad jurídica (art. 9.3 CE), dado que las resoluciones judiciales que autorizan, en todo o en parte, esas disposiciones generales en materia sanitaria no son publicadas en el diario oficial correspondiente, lo que dificulta el conocimiento por parte de los destinarios de las medidas restrictivas o limitativas de derechos fundamentales a las que quedan sujetos como consecuencia de la autorización judicial de esos reglamentos sanitarios de necesidad.
>
> (...)
>
> Por consiguiente, la declaración de inconstitucionalidad y nulidad del art. 10.8 LJCA debe traer aparejada la misma declaración del art. 11.1 i) LJCA, redactados ambos por la disposición final segunda de la Ley 3/2020. Asimismo debe declararse inconstitucional y nulo, por conexión o consecuencia (art. 39.1 LOTC), el inciso "10.8 y 11.1 i)" del art. 122 quater LJCA, introducido por esa misma disposición legal».

Como **especialidades de este procedimiento** se establecen:

- Será parte el Ministerio Fiscal.
- Su tramitación tendrá siempre carácter preferente.
- Se resolverá mediante auto en un plazo máximo de tres días naturales.

4.13. Costas

En materia de costas, este proceso especial no tiene ninguna especialidad, aplicándose el artículo 139 de la Ley 29/1998, de 13 de julio, que, en su redacción primitiva, se regía por el criterio subjetivo, al disponer que *«En primera o única instancia, el órgano jurisdiccional, al dictar sentencia o al resolver por auto los recursos o incidentes que ante el mismo se promovieren, impondrá las costas, razonándolo debidamente, a la parte que sostuviere su acción o interpusiere los recursos con mala fe o temeridad»*; sin embargo, con la reforma operada por la Ley 37/2011, de 10 de octubre, se decanta por el criterio objetivo o del vencimiento.

La redacción actual de este precepto señala que en primera o única instancia el órgano jurisdiccional impondrá las costas a la parte que haya visto rechazadas todas sus pretensiones, salvo que aprecie y así lo razone, que el caso presentaba serias dudas de hecho o de derecho. En los supuestos de estimación o desestimación parcial de las pretensiones, cada parte abonará las costas causadas a su instancia y las comunes por mitad salvo que el órgano jurisdiccional, razonándolo debidamente las imponga a una de ellas por haber sostenido su acción o interpuesto el recurso con mala fe o temeridad.

5. EL RECURSO DE AMPARO CONSTITUCIONAL

5.1. Introducción

El que hemos denominado recurso de amparo judicial se integra en el orden contencioso-administrativo, sin embargo, en el recurso de amparo constitucional confluyen todos los órdenes jurisdiccionales y se encuentra regulado en el título III de la Ley Orgánica 2/1979, de 3 de octubre, del Tribunal Constitucional, artículos 41 a 58, subdividido en tres capítulos:

- Capítulo I: De la procedencia e interposición del recurso de amparo constitucional.
- Capítulo II: De la tramitación de los recursos de amparo constitucional.
- Capítulo III: De la resolución de los recursos de amparo constitucional y sus efectos.

El recurso de amparo tiene por objeto, además de reparar los concretos derechos fundamentales y libertades públicas vulnerados, la defensa de la propia Constitución, caracterizándose este proceso por su carácter extraordinario y subsidiario.

> **A TENER EN CUENTA.** Tal y como establece el Tribunal Constitucional en su **STC n.º 158/2007, de 2 de julio, ECLI:ES:TC:2007:158,** no puede resultar acreedor de la protección del amparo constitucional quien contribuyó de manera activa o negligente a causar la indefensión de la que se queja.

- El **carácter extraordinario** del recurso proviene de su especialidad, ya que *«En el amparo constitucional no pueden hacerse valer otras pretensiones que las dirigidas a restablecer o preservar los derechos o libertades por razón de los cuales se formuló el recurso»* (art. 41.3 de la LOTC), no siendo, por tanto, el Tribunal Constitucional una «tercera instancia» o «supercasación» de las resoluciones de los tribunales ordinarios, a los cuales compete en exclusiva la selección e interpretación de las disposiciones aplicables, así como la valoración de las pruebas, no siendo competencia del Tribunal Constitucional revisar las citadas resoluciones jurisdiccionales, a no ser que hayan incurrido en error patente, sean manifiestamente irrazonables o carezcan de toda motivación. La **sentencia del Tribunal Constitucional n.º 147/2009, de 15 de junio, ECLI:ES:TC:2009:147**, lo expresa en estos términos: *«(...) este Tribunal no es una tercera instancia casacional en la que se pueda entrar a valorar las pruebas, sustituyendo a los Jueces y Tribunales ordinarios en la función exclusiva que les atribuye el art. 117.3 CE, quedando limitada su función a comprobar que haya habido una actividad probatoria de cargo válida y que la resolución judicial no haya sido arbitraria, irracional o absurda (SSTC 96/2000, de 10 de abril, FJ 5; y 12/2004, de 9 de febrero, FJ 2), o lo que es lo mismo, debe controlar únicamente la razonabilidad del discurso que une la actividad probatoria y el relato fáctico que de ella resulta (por todas, SSTC 123/2006, de 24 de abril, FJ 5; y 245/2007, de 10 de diciembre, FJ 7)»*. En definitiva, el recurso de amparo se orienta a la reparación de efectivas vulneraciones de los derechos fundamentales y no a la depuración objetiva de aquellos vicios que puedan concurrir en la acción de los poderes públicos (**STC n.º 44/1987, de 9 de abril, ECLI:ES:TC:1987:44**).

- Su **carácter subsidiario** significa que es necesario agotar de forma completa el proceso judicial iniciado, es decir, agotar los recursos disponibles e invocar los derechos fundamentales vulnerados ante los propios tribunales del orden jurisdiccional especializado, pero sin plantear recursos inviables porque ello supone prolongar artificialmente la vía judicial, lo que acarrea la extemporaneidad del recurso de amparo. Al respecto, el **auto del Tribunal Constitucional 40/2010, de 5 de abril, ECLI:ES:TC:2010:40A** dispone: *«A estos efectos debe recordarse que este Tribunal ha reiterado que la indebida prolongación de la vía judicial previa por causa de la interposición de recursos notoriamente inexistentes o inviables puede ocasionar la extemporaneidad del recurso de amparo por prórroga indebida del plazo establecido en el art. 44.2 LOTC, siempre que la improcedencia del recurso sea evidente, esto es, comprobable prima facie sin intervención de dudas interpretativas que sea necesario despejar por medio de criterios no absolutamente indiscutibles (por todas, STC 76/2009, de 23 de marzo, FJ 2)»*.

CUESTIÓN

¿Existen excepciones a la necesidad de agotar el proceso judicial previo?

Sí, podemos citar el artículo 42 de la Ley Orgánica 2/1979, de 3 de octubre, del Tribunal Constitucional que permite interponer directamente recurso de amparo en el plazo de tres meses contra *«las decisiones o actos sin valor de Ley, emanados de las Cortes o de cualquiera de sus órganos, o de las Asambleas legislativas de las Comunidades Autónomas, o de sus órganos, que violen los derechos y libertades susceptibles de amparo constitucional (...)»*.

La doctrina del Tribunal Constitucional ha acuñado el término de «recurso de amparo mixto» cuando concurren dos tipos de quejas, aquélla cuyo origen se encuentra inicialmente en la Administración y la que se imputa a la actividad judicial posterior promovida contra la resolución administrativa, es decir, junto a la vulneración que se imputa autónomamente a la resolución judicial que pone fin al proceso, existen otras que se imputan tanto a la resolución administrativa, como a las resoluciones judiciales que la confirman. Dicha denominación engarza directamente con el plazo de interposición del recurso, pues mientras el «recurso de amparo ordinario» debe interponerse en el plazo de veinte días (art. 43.2 de la LOTC), el plazo para interponer el «recurso de amparo mixto» es de treinta días (art. 44.2 de la LOTC), contados a partir de la notificación de la resolución recaída en el proceso judicial. En este sentido podemos citar la **STC n.° 87/2023, de 17 de julio, ECLI:ES:TC:2023:87**, que señala: «(...) *a falta de previsión expresa en la Ley Orgánica del Tribunal Constitucional para los amparos mixtos el plazo de presentación de la demanda es el más favorable de treinta días, conforme a doctrina reiterada del Tribunal [por todas, SSTC 21/2018, de 5 de marzo, FJ 2 a), y 73/2021, de 18 de marzo, FJ 2 C) b)]*(...)». Ahora bien, cuando el objeto del amparo es un acto administrativo, las decisiones producidas en la vía judicial no han de ser objeto de impugnación por la sola razón de no haber estimado la pretensión deducida por el recurrente; estas decisiones desestimatorias no alteran la situación jurídica creada por el acto de la Administración presuntamente lesivo a un derecho fundamental y no son, por tanto, en sí mismas causas de lesión. Otra interpretación llevaría a entender, en definitiva, que no hay más actos u omisiones atacables en vía de amparo constitucional que los actos u omisiones de los órganos judiciales.

Cuando la vulneración del derecho fundamental provenga de una resolución judicial, el plazo para interponer el recurso de amparo es de treinta días, teniendo presente que cuando se impugna en amparo una resolución judicial confirmatoria de otra, que ha sido lógica y cronológicamente presupuesto de aquélla, ha de considerarse también recurrida la precedente decisión confirmada aun cuando no lo haya sido expresamente (**STC n.° 335/2006, de 20 de noviembre, ECLI:ES:TC:2006:335**).

El plazo para la interposición del recurso de amparo es de **caducidad, improrrogable y no susceptible de suspensión** y, por consiguiente, de inexorable cumplimiento, que no consiente prolongación artificial ni puede quedar al arbitrio de las partes (**ATC n.° 175/2009, de 1 de junio, ECLI:ES:TC:2009:175A**), computándose los días inhábiles de acuerdo con el calendario de la ciudad de Madrid, siendo relevantes a estos efectos dos artículos de la Ley Orgánica 2/1979, de 3 de octubre, del Tribunal Constitucional:

- El art. 80, que dispone: *«Se aplicarán, con carácter supletorio de la presente Ley, los preceptos de la Ley Orgánica del Poder Judicial y de la Ley de Enjuiciamiento Civil, en materia de comparecencia en juicio, recusación y abstención, publicidad y forma de los actos, comunicaciones y actos de auxilio jurisdiccional, día y horas hábiles, cómputo de plazos, deliberación y votación, caducidad, renuncia y desistimiento, lengua oficial y policía de estrados»*.
- El art. 85.2, del siguiente tenor: *«(...) Los recursos de amparo podrán también presentarse hasta las 15 horas del día hábil siguiente al del vencimiento del plazo de interposición, en el registro del Tribunal Constitucional, o en la oficina o servicio de registro central de los tribunales civiles de cualquier localidad, de conformidad con lo establecido en el artículo 135.1 de la Ley 1/2000, de 7 de enero, de Enjuiciamiento Civil»*.

A TENER EN CUENTA. El Acuerdo de 6 de julio de 2023, del Pleno del Tribunal Constitucional, por el que se establece el régimen de días inhábiles en los procesos constitucionales, en su artículo primero recoge que: *«El régimen de días inhábiles en los procesos constitucionales será el establecido en la legislación procesal ordinaria (Ley Orgánica del Poder Judicial y Ley de Enjuiciamiento Civil)». Como excepción su artículo segundo señala: «Para el cómputo de los plazos señalados en los recursos de amparo electorales, de acuerdo con lo dispuesto en el artículo 119 de la Ley Orgánica 5/1985, de Régimen Electoral General, los días se entenderán siempre naturales».*

No obstante, en el supuesto de que el actor solicite el derecho de justicia gratuita —supuesto en el que la demanda se divide en dos actos: anuncio y formalización—, sólo podrán computarse válidamente los plazos procesales correspondientes bien a partir del momento en que los beneficiarios del derecho a la asistencia jurídica gratuita hayan recibido la notificación en la debida forma del nombramiento de los profesionales designados para su defensa o bien, en aquellos casos en los que no conste de manera fehaciente la notificación de dicha designación, desde el momento en que los profesionales designados realicen de manera efectiva alguna actuación orientada a la defensa de los ciudadanos a quienes se les haya reconocido el derecho a la justicia gratuita (**STC n.º 219/2003, de 15 de diciembre, ECLI:ES:TC:2003:219**).

5.2. El agotamiento previo de la vía judicial

Conforme a reiterada jurisprudencia, la exigencia de invocación formal en el proceso judicial del derecho constitucional vulnerado tiene una doble finalidad: por una parte, la de que los órganos judiciales tengan la oportunidad de pronunciarse sobre la eventual vulneración y restablecer, en su caso, el derecho constitucional en sede jurisdiccional ordinaria; y por otra, la de preservar el carácter subsidiario de la jurisdicción constitucional de amparo. El requisito del agotamiento de la vía judicial, como afirma el **Tribunal Constitucional en sentencia n.º 42/2010, de 26 de julio, ECLI:ES:TC:2010:42**, es una condición de admisibilidad del recurso de amparo, que responde a la finalidad de preservar el carácter subsidiario del mismo, evitando que el acceso a esta jurisdicción constitucional se produzca *per saltum*, es decir, sin brindar a los órganos judiciales la oportunidad de pronunciarse y, en su caso, remediar la lesión invocada como fundamento del recurso de amparo constitucional. De no agotarse la vía judicial previa, el recurso de amparo será prematuro, y, por ello, inviable, porque la vulneración del derecho fundamental invocado es todavía potencial o futura, no efectiva y real, habiendo declarado el Tribunal Constitucional (**ATC n.º 60/1993, de 25 de febrero, ECLI:ES:TC:1993:60A**): 1.º, que sólo a la vista del fallo decisorio y de la totalidad del proceso, es posible apreciar adecuadamente en sede constitucional si ha habido o no merma de las garantías de defensa; 2.º, se asegura así que no se trae ante el Tribunal Constitucional ninguna supuesta lesión de un derecho fundamental, mientras sea posible obtener su remedio ante los tribunales ordinarios, evitando una indebida vía de intersección de la jurisdicción constitucional con la ordinaria. No obstante, «(...) *en casos de anulación de sentencias absolutorias con retroacción de actuaciones se puede o bien impugnar en amparo directamente dicha decisión, sin incurrir en falta de agotamiento, o bien esperar a que se dicte la nueva decisión por si la misma fuera absolutoria, sin incurrir en extemporaneidad* (**STC n.º 149/2001, de 27 de junio**)(...)» y que en tales casos «(...) *este Tribunal no ha objetado la tempestividad de la interposición del recurso de amparo tras la celebración de la nueva vista y el dictado de las posteriores resoluciones que ponían fin definitivamente al procedimiento judicial* (...)» (**STC n.º 23/2008, de 11 de febrero, ECLI:ES:TC:2008:23**).

El artículo 43.1 de la Ley Orgánica 2/1979, de 3 de octubre, del Tribunal Constitucional, dispone: «*Las violaciones de los derechos y libertades antes referidos originadas por disposiciones, actos jurídicos, omisiones o simple vía de hecho del Gobierno o de sus autoridades o funcionarios, o de los* órganos *ejecutivos colegiados de las comunidades autónomas o de sus autoridades o funcionarios o agentes, podrán dar lugar al recurso de amparo una vez que se haya agotado la vía judicial procedente*». En similares términos, se pronuncia el artículo 44.1 de la citada norma:

> «1. Las violaciones de los derechos y libertades susceptibles de amparo constitucional, que tuvieran su origen inmediato y directo en un acto u omisión de un órgano judicial, podrán dar lugar a este recurso siempre que se cumplan los requisitos siguientes:
>
> a) Que se hayan agotado todos los medios de impugnación previstos por las normas procesales para el caso concreto dentro de la vía judicial.
>
> b) Que la violación del derecho o libertad sea imputable de modo inmediato y directo a una acción u omisión del órgano judicial con independencia de los hechos que dieron lugar al proceso en que aquellas se produjeron, acerca de los que, en ningún caso, entrará a conocer el Tribunal Constitucional.
>
> c) Que se haya denunciado formalmente en el proceso, si hubo oportunidad, la vulneración del derecho constitucional tan pronto como, una vez conocida, hubiera lugar para ello».

CUESTIÓN

¿El presupuesto procesal del art. 44.1 c) de la LOTC exige la cita concreta y numérica del precepto constitucional presuntamente lesionado?

No, no se exige la cita concreta y numérica, ni siquiera la mención de su *nomen iuris*, sino tan sólo una acotación suficiente del contenido del derecho violado que permita a los órganos judiciales pronunciarse sobre las infracciones aducidas. En este sentido se ha pronunciado la **STC n.º 88/2023, de 18 de julio, ECLI:ES:TC:2023:88**, que recoge que: *«Es también doctrina reiterada de este tribunal que el principio de subsidiariedad del recurso de amparo se debe dar por satisfecho cuando, aun no habiendo cita expresa del precepto constitucional que se considera vulnerado, el contexto de los antecedentes y alegaciones realizadas permitan razonablemente concluir que se ha dado al órgano decisor la posibilidad de pronunciarse y, en su caso, proceder a un temprano restablecimiento del derecho fundamental invocado en el amparo (así, SSTC 22/2020, de 13 de febrero, FJ 6, o 38/2020, de 25 de febrero, FJ 4). Lo importante, entonces, es que el tema quedara adecuadamente perfilado de modo tal que el juez haya podido abordarlo antes de que lo haga el Tribunal Constitucional (entre otras muchas, SSTC 310/2000, de 28 de diciembre, FJ 2; 14/2001, de 29 de enero, FJ 11; 88/2005, de 18 de abril, FJ 3, y 189/2012, de 29 de octubre, FJ 2)»*.

Sobre el carácter subsidiario del recurso de amparo se ha pronunciado también la **STC n.º 89/2023, de 18 de julio, ECLI:ES:TC:2023:89**, que concluye que el Tribunal Constitucional no puede pronunciarse sobre las supuestas vulneraciones, cuando no se haya agotado por la parte recurrente el remedio procesal legalmente previsto para tratar de obtener ante la jurisdicción ordinaria la reparación de las lesiones presuntamente sufridas.

La exigencia de agotar la vía judicial procedente antes de acudir al recurso de amparo no es en modo alguno una formalidad vacía cuya eficacia real pueda ser debilitada por una interpretación decididamente antiformalista del precepto que la contiene, sino que se trata de un elemento esencial en el sistema de articulación de la jurisdicción constitucional con la jurisdicción ordinaria, cuyo exacto cumplimiento resulta indispensable para preservar el ámbito que al poder judicial reserva la Constitución y para no desnaturalizar tampoco la función jurisdiccional propia de este Tribunal como intérprete supremo de la Constitución. Lógicamente, hay que agotar la vía judicial que sea conforme con la ley procesal —los recursos inadecuados o inadmisibles no agotan la vía judicial—, de manera que cuando la vía judicial real emprendida no es la que legalmente era procedente, tiene el interesado, en vía de principio, que volver atrás en el camino procesal, abrir la vía procedente y seguirla hasta el final de modo que cuando así lo haya hecho podrá utilizar el amparo (**STC n.º 31/1984, de 7 de marzo, ECLI:ES:TC:1984:31**).

Ahora bien, el presupuesto procesal del agotamiento no puede configurarse como la exigencia de interponer cuantos recursos fueren imaginables, bastando para darlo por cumplido con la utilización de aquellos que razonablemente puedan ser considerados como pertinentes sin necesidad de complejos análisis jurídicos. No se trata, por tanto, de establecer con total precisión si un recurso es o no procedente, sino de decidir si era razonablemente exigible su interposición pues, como también hemos señalado, cuando la determinación del recurso procedente requiere un razonamiento excesivamente complejo no puede exigirse al ciudadano que supere esas dificultades de interpretación (**STC n.º 128/2002, de 3 de junio, ECLI:ES:TC:2002:128**). Lógicamente, es opuesto al carácter subsidiario de esta jurisdicción constitucional simultanear un recurso de amparo con otro recurso seguido en la vía judicial ordinaria, como ocurre cuando se inicia el proceso de amparo antes de que estén resueltos los recursos interpuestos contra la resolución judicial impugnada en aquella otra vía o cuando, una vez presentada la demanda de amparo, se reabre la vía judicial durante la pendencia del proceso de amparo, aunque la resolución final de la jurisdicción ordinaria sea finalmente desestimatoria (**STC n.º 99/2009, de 27 de abril, ECLI:ES:TC:2009:99**).

CUESTIÓN

Para entender agotada la vía judicial, ¿debe finalizar el procedimiento mediante sentencia que resuelva sobre el fondo del asunto?

No, el artículo 43.1 no establece que deba obtenerse una sentencia de fondo, lo que dispone es que el remedio a la violación del derecho fundamental se busque previamente en la vía judicial procedente, y si no se logra —por estimaciones procesales o por consideraciones de fondo—, queda al demandante abierta la protección en sede constitucional (**STC n.º 31/1984, de 7 de marzo, ECLI:ES:TC:1984:31**).

Hay que considerar en todo caso excusable el error en que pueda incurrir el litigante a la hora de considerar agotada la vía judicial cuando haya sido inducido a tal error por una instrucción o información errónea acerca de los recursos facilitada por el órgano judicial, pues si éste ha ofrecido indicaciones equivocadas sobre los recursos utilizables, el interesado, aun contando con asistencia letrada, podría entender, dada la autoridad inherente a la decisión judicial, que tales indicaciones son ciertas y obrar en consecuencia (**STC n.º 241/2006, de 20 de julio, ECLI:ES:TC:2006:241**).

5.3. El incidente de nulidad de actuaciones

La redacción anterior a la reforma llevada a cabo por la LO 6/2007, de 24 de mayo, del primer párrafo del artículo 241.1 de la Ley Orgánica del Poder Judicial, disponía: «*No se admitirán con carácter general incidentes de nulidad de actuaciones. Sin embargo, excepcionalmente, quienes sean parte legítima o hubieran debido serlo, podrán pedir por escrito que se declare la nulidad de actuaciones fundada en defectos de forma que hayan causado indefensión o en la incongruencia del fallo, siempre que los primeros no hayan podido denunciarse antes de recaer resolución que ponga fin al proceso y que, en uno u otro caso,* ésta *no sea susceptible de recurso ordinario ni extraordinario*». Con esta base legal, el Tribunal Constitucional, incluyó entre los recursos ineludibles para cumplir el requisito previsto en los artículos 43 y 44.1 a) de la LOTC, el incidente de nulidad, al constituir un remedio destinado a obtener la reparación de los defectos de forma que hubieran causado indefensión o de la incongruencia del fallo, siempre que los primeros no haya sido posible denunciarlos antes de recaer sentencia o resolución que ponga fin al proceso y que, en uno u otro caso, la sentencia o resolución no sea susceptible de recurso en el que quepa reparar la indefensión sufrida (**STC n.º 85/2006, de 27 de marzo, ECLI:ES:TC:2006:85**), pero en la práctica el incidente de nulidad tendrá poca eficacia, al resolverlo el mismo órgano jurisdiccional —no devolutivo— que dictó la resolución impugnada.

La disposición final primera de la Ley Orgánica 6/2007, de 24 de mayo, modificó el citado párrafo del artículo 241.1, ampliando el incidente de nulidad de actuaciones a la vulneración de cualquier derecho fundamental de los referidos en el artículo 53.2 de la Constitución, por ello, la **STC n.º 43/2010, de 26 de julio, ECLI:ES:TC:2010:43**, declaraba: «(...) *tras la reforma llevada a cabo la mera lesión de un derecho fundamental o libertad pública tutelable en amparo ya no será por sí sola suficiente para admitir el recurso, pues es imprescindible, además, su "especial trascendencia constitucional", frente a la configuración por la que esencialmente se caracterizaba en su anterior regulación, en tanto que recurso orientado primordialmente a reparar las lesiones causadas en los derechos fundamentales y libertades públicas del demandante susceptibles de amparo". "De esta forma se configura por el legislador el sistema de garantías de los derechos fundamentales encomendado a los Jueces y Tribunales como guardianes naturales y primeros de dichos derechos (STC 227/1999, de 13 de diciembre, FJ 1), a los que confiere un mayor protagonismo en su protección (ampliación del incidente de nulidad de actuaciones), y culminado por el Tribunal Constitucional que, además de garante* *último, es su máximo intérprete (arts. 53.2 y 123 CE y 1.1 LOTC)"*». Así entendido, el incidente de nulidad de actuaciones ha de tener un ámbito prácticamente reducido a aquellos casos en que el defecto procesal generador de indefensión sólo es advertido después de la sentencia firme, y aquellos otros supuestos en los que la vulneración del derecho fundamental se produce en la sentencia y ésta no es susceptible de recurso ante la jurisdicción ordinaria; por ejemplo, contra el auto que inadmite un recurso de casación, la eventual vulneración del derecho de acceso al recurso tiene su origen inmediato y directo en dicho auto y no en otra resolución anterior, por lo que es indubitada la necesidad de interposición del incidente de nulidad de actuaciones para un correcto agotamiento de la vía judicial previa al recurso de amparo (**ATC n.° 41/2010, de 9 de abril,** ECLI:ES:TC:2010:41A).

Ahora bien, cuando el incidente de nulidad de actuaciones sea manifiestamente improcedente, la demanda de amparo será con toda seguridad extemporánea (**ATC n.° 42/2010, de 12 de abril, ECLI:ES:TC:2010:42A**), si bien el Tribunal Constitucional ha reiterado en numerosas ocasiones —por todas, **sentencia n.° 172/2009, de 9 de julio, ECLI:ES:TC:2009:172**— que la armonización de las exigencias del principio de seguridad jurídica y el derecho a la tutela judicial efectiva han conducido a una aplicación restrictiva del concepto de «recurso manifiestamente improcedente», considerando como tales sólo aquellos cuya improcedencia derive de forma evidente del propio texto legal, sin dudas interpretativas que sea necesario despejar por medio de criterios interpretativos de alguna complejidad y, en particular, descartando que ello ocurra en casos en los que el órgano judicial, en lugar de declarar la inadmisibilidad o improcedencia del incidente de nulidad, lo tramitó, dio traslado del mismo a la representación procesal de la otra parte, que formuló las alegaciones que tuvo por conveniente, y se pronunció sobre la pretensión de fondo de la solicitud, desestimándola.

A TENER EN CUENTA. Con anterioridad a la Ley Orgánica 6/2007, de 24 de mayo, el Tribunal Constitucional consideraba que también se agotaba la vía judicial con la solicitud de subsanación y complemento de sentencias (art. 215 de la LEC), pero después de la reforma es más seguro acudir al incidente de nulidad de actuaciones. La **STC n.° 135/2010, de 2 de diciembre, ECLI:ES:TC:2010:135**, se expresaba en estos términos: *«Del mismo modo, si aceptamos que tanto el incidente de nulidad de actuaciones como la solicitud de complemento son instrumentos procesales válidos para poner de manifiesto el vicio de incongruencia omisiva, es evidente que, aceptado que esta última se planteó de manera pertinente, era innecesario plantear incidente de nulidad de actuaciones, de modo que el recurso de amparo no incurre tampoco en el óbice procesal de falta de agotamiento de la vía judicial previa»*.

5.4. La demanda de amparo y el formulario de síntesis de la demanda

El elevado número de inadmisiones,—en el año 2022 se presentaron 8.528 demandas de amparo, y se admitieron únicamente 158— convierte al formulario de síntesis de la demanda, y a la propia demanda de amparo en las piezas fundamentales del proceso, debiendo reunir todos los requisitos materiales y formales para su admisión, pues el recurso de amparo debe ser objeto de una decisión de admisión a trámite (art. 50.1 de la LOTC), siendo necesaria la unanimidad de la sección para su admisión; en el supuesto de concurrir mayoría favorable a la admisión, pero no unanimidad, se eleva a la sala correspondiente la cuestión para que resuelva.

CUESTIÓN

¿Cabe recurso contra la providencia de inadmisión?

Sí, el art. 50 de la LOTC dispone en su apartado 3 que las providencias de inadmisión solamente podrán ser recurridas en súplica por el Ministerio Fiscal en el plazo de 3 días, y que dicho recurso se resolverá mediante auto que no será susceptible de impugnación alguna. Añade el mentado artículo en su apartado 4 que en los supuestos en los que la inadmisión se acuerde por no haberse producido la subsanación de uno o varios defectos de naturaleza subsanable en el plazo fijado, no procederá recurso alguno.

El recurso de amparo constitucional principia por demanda, si bien, tras el acuerdo de 15 de marzo de 2023, del Pleno del Tribunal Constitucional, por el que se regula la presentación de los recursos de amparo a través de su sede electrónica, con entrada en vigor el 12 de abril del 2023, se exige para la presentación del recurso la cumplimentación de un **formulario**, al que puede accederse desde la sede electrónica del TC, que debe contener:

- La identificación de los recurrentes, y de los profesionales que les representen y asistan.
- Una exposición concisa de las vulneraciones constitucionales denunciadas.
- Una breve justificación de la especial trascendencia constitucional del recurso.
- La indicación del modo en que se ha producido el agotamiento de la vía judicial previa.

CUESTIÓN

¿Cuál es la finalidad de este formulario?

Tal y como se recoge en el mentado acuerdo, el contenido de este formulario permitirá al TC, en su caso, descartar la concurrencia de la lesión constitucional, de la especial trascendencia del recurso o del debido agotamiento de la vía judicial previa.

La Guía para la presentación de las demandas de amparo realizada por la secretaria general del Tribunal Constitucional recoge la extensión máxima que deben de contener los tres apartados principales de este formulario de síntesis de la demanda:

- La exposición concisa de las vulneraciones constitucionales alegadas tendrá una extensión máxima de 11.000 caracteres con espacios, lo que equivaldría aproximadamente a tres páginas.
- La justificación de la especial trascendencia constitucional tendrá una extensión máxima de 4.000 caracteres con espacios, lo que equivale aproximadamente a una página.

- La indicación del modo en que se ha producido el agotamiento de la vía judicial previa también deberá tener una extensión máxima de 4.000 caracteres con espacios, lo que equivaldría aproximadamente a una página.

La demanda, como cualquier escrito de iniciación del proceso constitucional, se presentará en castellano —y si se acompañasen documentos redactados en la lengua oficial en otra Comunidad Autónoma deberá acompañarse una traducción al castellano—, en la sede electrónica de la página web del Tribunal Constitucional dentro del plazo legalmente establecido (art. 85.2 de la LOTC), quedando delimitado en dicho trámite —de forma definitiva— el objeto del proceso, pues en el *petitum* se tendrá que solicitar la nulidad de la resolución administrativa o jurisdiccional que haya violado el derecho fundamental cuyo reconocimiento y restablecimiento el demandante insta. Al respecto, el artículo 49.1 de la mentada LOTC, dispone: «*El recurso de amparo constitucional se iniciará mediante demanda en la que se expondrán con claridad y concisión los hechos que la fundamenten, se citarán los preceptos constitucionales que se estimen infringidos y se fijará con precisión el amparo que se solicita para preservar o restablecer el derecho o libertad que se considere vulnerado* (...)». Reiterada doctrina del Tribunal Constitucional señala que en la demanda deben fijarse con claridad y precisión tanto la causa de pedir como lo que se pide (**STC n.º 167/1987, de 28 de octubre, ECLI:ES:TC:1987:167**) a los efectos de que una vez fijado el objeto y ámbito del conocimiento procesal en el recurso de amparo, la resolución que en su momento recaiga sea congruente con aquél en los términos de los procedimientos posibles, es decir, deben quedar fijados el objeto procesal, la definición y la delimitación del proceso, así como la concreta individualización de la *causa petendi*, por lo que no son admisibles alteraciones —mutación esencial del objeto del proceso— introducidas con ulteriores alegaciones. La ratio de las alegaciones es la de reforzar y complementar el argumento del recurso pero no su ampliación hasta el punto de modificarlo sustancialmente (**STC n.º 11/2011, de 28 de febrero, ECLI:ES:TC:2011:11**). En definitiva, se trasforma la demanda cuando se amplía la *causa petendi* con la introducción de nuevos hechos constitutivos de lesiones a derechos fundamentales, si bien son admisibles, en fase de alegaciones, simples mutaciones en las calificaciones jurídicas.

A TENER EN CUENTA. Existe una excepción a la obligatoriedad de presentar la demanda a través de la sede electrónica del TC, y es que excepcionalmente podrá presentarse en soporte papel en la oficina o registro central de los tribunales civiles de cualquier localidad, siempre que se haga después del vencimiento del correspondiente plazo hasta las 15 horas del día hábil siguiente.

Con el formulario y la demanda deben presentarse los siguientes documentos:

a) El apoderamiento al procurador. Hay que tener en cuenta que el artículo 81 de la LOTC establece que podrán comparecer por sí mismas, para defender derechos o intereses propios, las personas que tengan título de licenciado en Derecho, aunque no ejerzan la profesión de procurador o de abogado.

b) Las resoluciones impugnadas. Deben acompañarse las resoluciones a las que se atribuya la vulneración de algún derecho fundamental, así como aquellas anteriores y posteriores que resulten pertinentes para poder apreciar la concurrencia de la violación del derecho.

c) La acreditación de que la vulneración se denunció en el proceso tan pronto como hubo oportunidad.

d) La acreditación de que se ha agotado la vía judicial previa. Resulta necesaria la aportación de la resolución que puso fin a la vía judicial, tanto si es la que se considera vulneradora en su origen del derecho fundamental, como si no.

e) La acreditación de que se ha respetado el plazo de interposición del recurso. Es necesario aportar la notificación de la última resolución recaída.

f) Otros documentos que el solicitante estime convenientes.

A TENER EN CUENTA. Cada uno de los archivos PDF que acompañen a la demanda deben contener un solo documento, en formato editable, y con una denominación que permita identificar el contenido, especificando la Guía para la presentación de las demandas de amparo publicada por la secretaria general del Tribunal Constitucional que dichas denominaciones serán:

- Formulario.
- Demanda.
- Apoderamiento.
- Resolución impugnada (indicando el órgano y la fecha).
- Notificación de la última resolución judicial.
- Escrito (indicando el trámite a que corresponde).

La demanda, según lo dicho, debe reunir unos requisitos materiales y formales, estos últimos relativos a la documentación que debe adjuntarse y a la claridad y concisión con que se deben exponer los hechos. Respecto de los materiales, podemos destacar el *petitum* y su *causa petendi*:

- Las peticiones que figuran en el suplico de la demanda nunca deben ser declarativas, ya que la función del Tribunal Constitucional es preservar o restablecer los derechos y libertades vulnerados. Esta petición será la que determine el deber de congruencia, de tal forma que debe existir una correlación entre la parte dispositiva del fallo y el suplico de la demanda.

- La causa de pedir, en general, es el supuesto de hecho que, subsumido en unas determinadas normas jurídicas, constituye el fundamento de la acción, la razón que justifica la petición formulada en la demanda, materializada en el proceso de amparo, en la descripción de los hechos determinantes de la infracción del derecho fundamental con expresión de las normas constitucionales vulneradas y la doctrina del Tribunal Constitucional aplicable al caso.

Ya hemos dicho que el recurso de amparo debe ser objeto de una decisión de admisión a trámite (art. 50.1 de la LOTC), admisión que sólo se producirá cuando concurran los siguientes requisitos:

- Que la demanda cumpla con lo dispuesto en los artículos 41 a 46 y 49 de la mentada Ley Orgánica del Tribunal Constitucional.
- Que el contenido del recurso justifique una decisión sobre el fondo por parte del Tribunal Constitucional en razón de su especial trascendencia constitucional, que se apreciará atendiendo a su importancia para la interpretación de la Constitución, para su aplicación o para su general eficacia, y para la determinación del contenido y alcance de los derechos fundamentales.

Como luego veremos, la especial trascendencia constitucional, adquiere una relevancia capital en la configuración actual del recurso de amparo (art. 49.1 de la LOTC). El examen de admisibilidad no se reduce ni en el diseño legal ni en la práctica del Tribunal Constitucional a apreciar rutinariamente una causa de inadmisión, sino que consiste en la verificación de la concurrencia de los requisitos procesales y sustantivos para la admisión (art. 50.1 de la LOTC), verificación que comprende en muchas ocasiones el examen de fondo de la verosimilitud de las lesiones aducidas y que supone una carga de trabajo para la que no sirve de medida la mayor o menor extensión de la providencia de admisión o de inadmisión en que se traduzca su resultado (**ATC n.º 72/2017, de 8 de mayo, ECLI:ES:TC:2017:72A**). Es más:

- Los defectos insubsanables de que pueda estar afectada la demanda no resultan subsanados porque haya sido inicialmente admitida a trámite, pudiendo abordarse por el Tribunal Constitucional de oficio el examen de los presupuestos de viabilidad de la demanda de amparo en fase de sentencia y llegar, en su caso, a la declaración de inadmisión del recurso o del motivo del recurso afectado por dichos defectos (**STC n.º 42/2010, de 26 de julio, ECLI:ES:TC:2010:42**).
- Al Tribunal Constitucional no le corresponde reconstruir de oficio la demanda supliendo las inexistentes razones de las partes, al ser una carga de quien impetra el amparo constitucional no solamente la de abrir la vía para que la jurisdicción constitucional pueda pronunciarse, sino también la de proporcionar la fundamentación fáctica y jurídica que razonablemente es de esperar y que se integra en el deber de colaborar con la justicia del Tribunal Constitucional (entre otras muchas, **STC n.º 73/2003, de 23 de abril, ECLI:ES:TC:2003:73**).
- La incorrecta identificación del objeto del recurso de amparo no basta para determinar su inadmisibilidad, (**STC n.º 159/1994, de 23 de mayo, ECLI:ES:TC:1994:159**), pues dicho trámite depende fundamentalmente de los concretos motivos y vulneraciones invocados en relación con la naturaleza de la resolución recurrida y el supuesto de hecho (**STC n.º 141/2009, de 15 de junio, ECLI:ES:TC:2009:141**). Será necesario una acotación suficiente del contenido del derecho violado que permita a los órganos judiciales pronunciarse sobre las infracciones aducidas. Lo importante es acreditar los hechos que fundamentan la demanda, ya que la labor del Tribunal Constitucional

consiste precisamente en determinar las libertades o derechos fundamentales vulnerados. Ejemplo: la denegación del recibimiento del pleito a prueba poco importa que se califique como infracción del derecho a la tutela judicial efectiva, del derecho de defensa, del derecho a un proceso con todas las garantías, etc., lo importante es acreditar la existencia de esa denegación.

- El Tribunal Constitucional debe limitarse a enjuiciar la conformidad o no de los actos recurridos con los derechos fundamentales reconocidos en la Constitución y tutelables a través del recurso de amparo, y por lo mismo, una vez comprobada la inexistencia de causa alguna de inadmisión de este recurso, este Tribunal no puede extender su competencia al examen de los presuntos motivos de inadmisión de las acciones o recursos previos al amparo constitucional cuando dichos motivos no han sido alegados por nadie ni tenidos en cuenta por los órganos judiciales a los que compete en exclusiva la aplicación de las leyes. Por tanto, no puede calificarse como extemporánea una demanda de amparo promovida contra actos administrativos y judiciales, por medio de los cuales el recurrente consiguió reabrir un expediente ya fenecido (**STC n.º 114/1987, de 6 de julio, ECLI:ES:TC:1987:114**).

CUESTIONES

1. ¿Es necesaria la representación por procurador y la asistencia letrada?

Sí, el que quiera interponer un recurso de amparo ante el Tribunal Constitucional deberá conferir su representación a un procurador/a, pero pueden defenderse a sí mismos los licenciados en derecho, por lo que salvo este supuesto, es necesario actuar bajo la dirección de un abogado/a.

2. ¿Es subsanable la falta de procurador o abogado en el recurso de amparo?

Sí, la falta de estos profesionales conlleva la imposibilidad de tener por formulado el recurso, pero es un defecto subsanable.

Admitida la demanda de amparo, la sala requerirá con carácter urgente al órgano o a la autoridad de que dimane la decisión, el acto o el hecho o al juez o tribunal que conoció del procedimiento precedente para que, en plazo que no podrá exceder de diez días, remita las actuaciones o testimonio de ellas (art. 51 de la LOTC), emplazando a quienes fueron parte en el procedimiento antecedente para que puedan comparecer en el proceso constitucional en el plazo de diez días. Recibidas las actuaciones y transcurrido el tiempo de emplazamiento, la sala dará vista de las mismas a quien promovió el amparo, a los personados en el proceso, al abogado del Estado y al Ministerio Fiscal (art. 52 de la LOTC). La vista será por plazo común que no podrá exceder de veinte días, y durante él podrán presentarse las alegaciones procedentes.

CUESTIÓN

¿El escrito de demanda tiene alguna extensión máxima?

Sí, el Acuerdo de 15 de marzo de 2023, del Pleno del Tribunal Constitucional, por el que se regula la presentación de los recursos de amparo a través de su sede electrónica, dispone que el escrito de demanda tendrá una extensión máxima de 50.000 caracteres, y añade que deberá utilizarse la fuente «Times New Roman», en tamaño de 12 puntos, y el interlineado en el texto será de 1,5.

5.5. La especial trascendencia constitucional

La Ley Orgánica 6/2007, de 24 de mayo, por la que se modifica la LOTC, ha invertido el juicio de admisibilidad de la demanda. Su exposición de motivos lo expresa en estos términos: «(...) *frente al sistema anterior de causas de inadmisión tasadas, la reforma introduce un sistema en el que el recurrente debe alegar y acreditar que el contenido del recurso justifica una decisión sobre el fondo por parte del Tribunal en razón de su especial trascendencia constitucional, dada su importancia para la interpretación, aplicación o general eficacia de la Constitución (...)*». De esta forma, el legislador realza la función de los jueces y tribunales ordinarios como guardianes naturales y primeros de dichos derechos, a los que confiere un mayor protagonismo en su protección (ampliación del incidente de nulidad de actuaciones), y culminando por el Tribunal Constitucional que, además de garante mismo, es su máximo intérprete. Corresponde, pues, a dicho órgano apreciar si el contenido del recurso justifica una decisión sobre el fondo en razón de su especial trascendencia constitucional, atendiendo a su importancia, para la interpretación de la Constitución, para su aplicación o para su general eficacia y para la determinación del contenido y alcance de los derechos fundamentales. Por ello:

- Cabe advertir que la carga de justificar la especial trascendencia constitucional del recurso de amparo es algo distinto a razonar la existencia de la vulneración de un derecho fundamental (**ATC n.º 188/2008, de 21 de julio, ECLI:ES:TC:2008:188A**). Tal y como se recoge en la **STC n.º 17/2011, de 28 de febrero, ECLI:ES:TC:2011:17**: *«(...) será necesario que en la demanda se disocie adecuadamente la argumentación tendente a evidenciar la existencia de la lesión de un derecho fundamental —que sigue siendo, obviamente, un presupuesto inexcusable en cualquier demanda de amparo— y los razonamientos específicamente dirigidos a justificar que el recurso presenta especial trascendencia constitucional»*.
- La exigencia prevista en el artículo 49.1 de la Ley Orgánica del Tribunal Constitucional de que en la demanda de amparo se justifique en todo caso la especial trascendencia constitucional del recurso es un requisito que no se puede subsanar. En este sentido, el **auto n.º 188/2008, de 21 de julio, ECLI:ES:TC:2008:188A**, del Tribunal Constitucional afirma: *«La exigencia prevista en el art. 49.1 in fine LOTC de que en la demanda de amparo se justifique en todo caso la especial trascendencia constitucional del recurso es, además, un requisito insubsanable»*.
- La decisión de admisión a trámite del recurso al apreciar el cumplimiento del citado requisito no limita las facultades del Tribunal sobre la decisión final en relación con el fondo del asunto.

Concurre una especial trascendencia constitucional, en los siguientes casos (**STC n.º 155/2009, de 25 de junio, ECLI:ES:TC:2009:155**):

a) El de un recurso que plantee un problema o una faceta de un derecho fundamental susceptible de amparo sobre el que no haya doctrina del Tribunal Constitucional.

b) O que dé ocasión al Tribunal Constitucional para aclarar o cambiar su doctrina, como consecuencia de un proceso de reflexión interna, o por el surgimiento de nuevas realidades sociales o de cambios normativos relevantes para la configuración del contenido del derecho fundamental, o de un cambio en la doctrina de los órganos de garantía encargados de la interpretación de los tratados y acuerdos internacionales a los que se refiere el artículo 10.2 de la Constitución.

c) O cuando la vulneración del derecho fundamental que se denuncia provenga de la ley o de otra disposición de carácter general.

d) O si la vulneración del derecho fundamental trae causa de una reiterada interpretación jurisprudencial de la ley que el Tribunal Constitucional considere lesiva del derecho fundamental y crea necesario proclamar otra interpretación conforme a la Constitución.

e) O bien cuando la doctrina del Tribunal Constitucional sobre el derecho fundamental que se alega en el recurso esté siendo incumplida de modo general y reiterado por la jurisdicción ordinaria, o existan resoluciones judiciales contradictorias sobre el derecho fundamental, ya sea interpretando de manera distinta la doctrina constitucional, ya sea aplicándola en unos casos y desconociéndola en otros.

f) O en el caso de que un órgano judicial incurra en una negativa del deber de acatamiento de la doctrina del Tribunal Constitucional.

g) O, en fin, cuando el asunto suscitado, sin estar incluido en ninguno de los supuestos anteriores, trascienda del caso concreto porque plantee una cuestión jurídica de relevante y general repercusión social o económica o tenga unas consecuencias políticas generales, consecuencias que podrían concurrir, sobre todo, aunque no exclusivamente, en determinados amparos electorales o parlamentarios.

CUESTIÓN

¿Puede negarse de adverso la concurrencia de la especial trascendencia constitucional cuando el recurso ya ha sido admitido?

Sí, pero debe argumentarse, ya que tal y como se recoge en la **STC n.º 79/2023, de 3 de julio, ECLI:ES:TC:2023:79**, quién niega la concurrencia del requisito de la especial trascendencia constitucional es quien *«(...) tiene la carga de argumentar las razones por las cuales considera que la lesión denunciada carece de la necesaria importancia para "la interpretación de la Constitución, para su aplicación o para su general eficacia, y para la determinación del contenido y alcance de los derechos fundamentales" [art. 50.1 b) LOTC], especialmente cuando el planteamiento del óbice se produce en un momento en el que ya se ha adoptado una decisión de admisión por parte de este tribunal (...), derivada de un enjuiciamiento inicial sobre su concurrencia, por plantear un problema o una faceta de un derecho fundamental sobre el que no hay doctrina [STC 155/2009, FJ 2 a)]»*.

A TENER EN CUENTA. En el acuerdo de 15 de marzo de 2023, del Pleno del Tribunal Constitucional, por el que se regula la presentación de los recursos de amparo a través de su sede electrónica se recoge que: *«(...) El cumplimiento de este requisito se ha revelado como un obstáculo para la admisión de un elevado porcentaje de demandas, poniendo de manifiesto la memoria del Tribunal relativa al año 2022 que el 53 % de los escritos de demanda adolecen de una absoluta falta o de una* *insuficiente justificación de esa especial trascendencia constitucional y que, en su conjunto, fueron inadmitidos por defectos de procedibilidad el 76 % de los recursos de amparo presentados».*

5.6. La pieza de suspensión

La suspensión u otra medida cautelar podrá pedirse en cualquier tiempo, antes de haberse pronunciado la sentencia o decidirse el amparo de otro modo, pero la interposición del recurso de amparo no suspenderá los efectos del acto o sentencia impugnados (art. 56 de la LOTC). La sala o la sección, de oficio o a instancia del recurrente, podrá disponer la suspensión, total o parcial, cuando la ejecución del acto o sentencia impugnados produzca un perjuicio al recurrente que pudiera hacer perder al amparo su finalidad, siempre y cuando la suspensión no ocasione perturbación grave a un interés constitucionalmente protegido, ni a los derechos fundamentales o libertades de otra persona.

A TENER EN CUENTA. El art. 56.3 de la LOTC añade que: *«Asimismo, la Sala o la Sección podrá adoptar cualesquiera medidas cautelares y resoluciones provisionales previstas en el ordenamiento, que, por su naturaleza, puedan aplicarse en el proceso de amparo y tiendan a evitar que el recurso pierda su finalidad».*

La suspensión reviste carácter excepcional y, lógicamente, la apertura de este incidente requiere que previamente se haya dictado auto de admisión de la demanda, pero en supuestos de urgencia excepcional, la adopción de la suspensión y de las medidas cautelares y provisionales podrá efectuarse en la resolución de la admisión a trámite, siendo aplicables a esta pieza separada lo dicho anteriormente respecto de las medidas cautelares en el proceso de amparo judicial, debiendo probar el recurrente, aun de forma incompleta o por indicios, aquellas circunstancias que puedan permitir al Tribunal Constitucional efectuar la valoración de la procedencia de la medida cautelar, y, muy especialmente, el *fumus boni iuris* y el *periculum in mora*, lo que en la práctica supone que se concedan más suspensiones en el ámbito penal que en el civil.

CUESTIÓN

¿Puede impugnarse la adopción de la suspensión y de las medidas cautelares y provisionales?

Sí, dicha adopción podrá ser impugnada en el plazo de cinco días desde su notificación, por el Ministerio Fiscal y demás partes personadas. La sala o la sección resolverá el incidente mediante auto no susceptible de recurso alguno.

El incidente de suspensión se sustanciará con audiencia de las partes y del Ministerio Fiscal, por un plazo común que no excederá de tres días y con el informe de las autoridades responsables de la ejecución, si la sala o la sección lo creyera necesario.

La suspensión o su denegación puede ser modificada durante el curso del juicio de amparo constitucional, de oficio o a instancia de parte, en virtud de circunstancias sobrevenidas o que no pudieron ser conocidas al tiempo de sustanciarse el incidente de suspensión (art. 57 de la LOTC).

La sala o la sección podrá condicionar la denegación de la suspensión en el caso de que pudiera seguirse perturbación grave de los derechos de un tercero, a la constitución de **caución** suficiente para responder de los daños o perjuicios que pudieran originarse. Asimismo, podrá condicionar la suspensión de la ejecución y la adopción de medidas cautelares a la satisfacción por el interesado de la oportuna **fianza** para responder de los daños y perjuicios que pudieren originarse, pudiendo delegarse en el órgano jurisdiccional de instancia su fijación y determinación.

Respecto de la indemnización por perjuicios derivados de la concesión o denegación de la suspensión del acto por el que se reclamó el amparo, el artículo 58 de la Ley Orgánica 2/1979, de 3 de octubre, del Tribunal Constitucional, dispone:

> «Uno. Serán competentes para resolver sobre las peticiones de indemnización de los daños causados como consecuencia de la concesión o denegación de la suspensión los Jueces o Tribunales, a cuya disposición se pondrán las fianzas constituidas.
>
> Dos. Las peticiones de indemnización, que se sustanciarán por el trámite de los incidentes, deberán presentarse dentro del plazo de un año a partir de la publicación de la sentencia del Tribunal Constitucional».

CUESTIÓN

¿Pueden incorporarse otras peticiones accesorias a la demanda de amparo?

Sí, la ya mentada Guía para la presentación de las demandas de amparo de la secretaria general del Tribunal Constitucional recoge que además la petición de medidas cautelares, podrán incorporarse a la demanda, mediante la clásica fórmula del otrosí, las siguientes peticiones:

- La petición de práctica de prueba (art. 89.1 de la LOTC).
- La solicitud de acumulación de la demanda a otro recurso de amparo (art. 83 de la LOTC).
- La petición de que se devuelva al procurador el poder notarial de representación procesal.

5.7. Las alegaciones de las partes

Si bien el artículo 89 de la Ley Orgánica del Tribunal Constitucional habilita al Tribunal para que, de oficio o a instancia de parte, pueda acordar la práctica de prueba, en este proceso de amparo dicho trámite es absolutamente excepcional; no obstante, las partes pueden solicitar la apertura del proceso a prueba, pero el juicio de la necesidad y pertinencia de la misma corresponde al Tribunal Constitucional (**STC n.º 150/1988, de 15 de julio, ECLI:ES:TC:1988:150**).

Así, pues, lo normal será formalizar demanda y, a la vista del expediente, presentar alegaciones por plazo común de veinte días, por las cuales las partes se reafirman en sus pretensiones mediante la introducción del material de hecho y de derecho al proceso; pero en esta fase alegatoria, las posiciones de las partes son bien diferentes:

- Las alegaciones del recurrente tienden a desarrollar o complementar la línea argumental de la demanda, pero no podrán modificar la pretensión o incorporar alguna nueva violación de derechos fundamentales, ya que el trámite de alegaciones sirve para corregir iniciales imprecisiones y dar definitivo cumplimiento al artículo 49.1 de la LOTC, el cual exige que se determine con precisión el amparo que se solicita, pues este trámite tiene por objeto la delimitación y concreción del amparo solicitado pero no el de servir como vía de ampliación del recurso planteado, estando encaminado a facilitar a las partes, una vez recibidas las actuaciones, la formulación de precisiones que, sin entrañar una modificación de la pretensión, desarrollen o complementen la línea argumental de la demanda. En palabras del Tribunal Constitucional en su **STC n.º 82/2023, de 3 de julio, ECLI:ES:TC:2023:82**, es «(...) *doctrina constitucional muy reiterada (desde la STC 184/1987, de 8 de noviembre, FJ 3) que en el trámite de alegaciones de un recurso de amparo (art. 52.1 LOTC) no cabe invocar como infringidos derechos distintos a los que llevaron a la interposición del recurso*». Por tanto, si en el trámite de alegaciones el recurrente aportara nuevas pretensiones o modificara sustancialmente las ya esgrimidas en su escrito de demanda, tales nuevas alegaciones las tendrá el Tribunal Constitucional por no efectuadas, omitiendo en la sentencia cualquier pronunciamiento sobre las mismas distinto del de evidenciar su carácter novedoso y en consecuencia su no toma en consideración, al ser la finalidad de dicho trámite exponer al Tribunal las razones que motivan el recurso, cuyo objeto ya ha quedado fijado en la demanda, aportando al proceso los fundamentos jurídicos no explicitados en la demanda o reiterar, ampliar o profundizar en las argumentaciones ya contenidas en la misma (**STC n.º 50/2003, de 17 de marzo, ECLI:ES:TC:2003:50**).
- El Ministerio Fiscal es parte «imparcial» y sus alegaciones van dirigidas a la protección de los derechos fundamentales y a la defensa de la legalidad constitucional.
- El representante de la Administración y las demás partes que se hayan personado en el proceso sólo tienen esta oportunidad para oponerse al amparo, aportando la fundamentación fáctica y jurídica relativa a los elementos obstativos, extintivos o excluyentes de la pretensión.

5.8. La sentencia

Aunque lo normal es que el proceso termine por sentencia, no se excluyen otras formas de terminación, como pueden ser el desistimiento, la caducidad, la renuncia de la parte o la satisfacción extraprocesal de las pretensiones. Tal y como se recoge en el art. 53 de la LOTC, la sala o, en su caso, la sección, al conocer del fondo del asunto, pronunciará en su sentencia alguno de estos fallos:

a) Otorgamiento de amparo.

b) Denegación de amparo.

Dicho pronunciamiento deberá estar motivado, ser congruente con la pretensión de amparo y fundamentado en la Constitución y en la doctrina del Tribunal Constitucional.

CUESTIÓN

¿Puede excluir el TC la identidad del recurrente en el recurso de amparo?

Sí, en casos especiales el TC podría no divulgar en sus resoluciones la identidad de alguna de las partes, sustituyéndola por sus iniciales y omitiendo los datos que permitan su identificación. En el caso de menores, personas que requieran una tutela especial, víctimas de delitos cuya difusión genere especiales perjuicios, o personas que no sean parte del proceso de amparo, el anonimato se preservará de oficio. Cuando sea necesario el mentado anonimato para garantizar el derecho a la intimidad de los solicitantes, u otro derecho constitucional, podrá realizarse bien de oficio o bien a instancia de parte en el momento de presentar la demanda, o en su personación posterior.

La sentencia que otorgue el amparo —sentencias de condena— contendrá alguno o algunos de los pronunciamientos siguientes (art. 55.1 de la LOTC):

- Declaración de nulidad de la decisión, acto o resolución que hayan impedido el pleno ejercicio de los derechos o libertades protegidos, determinando la extensión de sus efectos. En este caso debe compatibilizarse la declaración de nulidad con el principio que proclama la máxima conservación de las actuaciones procesales y con el que garantiza la mínima perturbación de los derechos de terceras personas.
- Reconocimiento del derecho o libertad pública, de conformidad con su contenido constitucionalmente declarado. Las sentencias del Tribunal Constitucional se publicarán en el BOE con los votos particulares, si los hubiere, tienen el valor de cosa juzgada y no cabe recurso alguno contra ellas (art. 164.1 de la CE), teniendo eficacia frente a todos. La cosa juzgada engloba dos clases de efectos:
  - **Formal.** Son sentencias firmes aquellas contra las que no quepa recurso alguno, salvo el de revisión u otros extraordinarios que establezca la ley (art. 245.3 de la LOPJ). La resolución judicial firme —porque la ley no prevé recurso alguno o previniéndolo no se interpone en el plazo legalmente previsto— «pasa en autoridad de cosa juzgada», y el tribunal y las partes del proceso en que haya recaído deberán estar a lo dispuesto en ella para los sucesivos actos de ese mismo proceso.
  - **Material.** La parte dispositiva de una sentencia firme vincula —en cuanto al fondo— en un proceso ulterior: de forma negativa, excluyéndolo de su conocimiento y decisión judicial; o, de forma positiva,

vinculando al órgano judicial cuando lo resuelto en el proceso precedente constituya un antecedente lógico de lo que sea objeto del proceso ulterior, siempre que los litigantes de ambos procesos sean los mismos o la cosa juzgada se extienda a ellos por disposición legal.

- Restablecimiento del recurrente en la integridad de su derecho o libertad con la adopción de las medidas apropiadas, en su caso, para su conservación. Lo más habitual es que el Tribunal Constitucional ordene retrotraer las actuaciones cuando se ha vulnerado un derecho fundamental en el seno de un proceso judicial, pero caben todo tipo de medidas compensatorias tendentes a la conservación de los derechos vulnerados. En concreto, es posible que el Tribunal Constitucional determine la indemnización por daños y perjuicios, al haber modificado su criterio en esta materia: en un primer momento la excluye de este ámbito, para admitirla más tarde sin ambages.

CUESTIÓN

¿Qué orden debe de seguir el Tribunal Constitucional a la hora de examinar las distintas quejas planteadas en el recurso de amparo?

Tal y como se recoge en la **STC n.º 78/2019, de 3 de junio, ECLI:ES:TC:2019:78** corresponde al TC determinar el orden del examen de las quejas, en atención a las circunstancias concurrentes en cada supuesto concreto. Por su parte, la **STC n.º 83/2023, de 4 de julio, ECLI:ES:TC:2023:83**, recoge que en el caso de existir varias quejas puramente procesales, se seguirá el criterio de mayor retroacción, que implica conceder prioridad al examen de aquellas causas que, de prosperar, determinarían la retroacción a un momento procesal anterior, lo que conllevaría que resultase innecesario pronunciarse sobre las restantes. En otro orden, la **STC n.º 78/2023, de 3 de julio, ECLI:ES:TC:2023:78**, establece que han de examinarse en primer lugar las vulneraciones de derechos fundamentales que se imputan a la administración y si estas se desestiman, las vulneraciones de derechos fundamentales que se atribuyen a los órganos judiciales.

Ya hemos visto que el Tribunal Constitucional no es una tercera instancia revisora acerca de los hechos, por ello, cuando la sala o, en su caso, la sección conozca del recurso de amparo respecto de decisiones de jueces y tribunales, limitará su función a concretar si se han violado derechos o libertades del demandante y a preservar o restablecer estos derechos o libertades, y se abstendrá de cualquier otra consideración sobre la actuación de los órganos jurisdiccionales (art. 54 de la LOTC). No corresponde, pues, al Tribunal Constitucional la revisión de la valoración del material probatorio, sino sólo llevar a cabo una supervisión externa de la razonabilidad del discurso que enlaza la actividad probatoria con el relato fáctico resultante (**STC n.º 82/2009, de 23 de marzo, ECLI:ES:TC:2009:82**), pues por imperativo del artículo 44.1.b) de la LOTC, le está vedado entrar a conocer de los mismos, cuya determinación corresponde precisamente a los órganos de la jurisdicción ordinaria cuando se solicita su tutela (**STC n.º 139/2010, de 21 de diciembre, ECLI:ES:TC:2010:139**), pero los límites establecidos en el citado artículo 44.1.b) no resultan aplicables cuando el objeto del recurso es la presunta vulneración de un derecho fundamental por parte de una autoridad administrativa por el cauce del artículo 43 de la Ley Orgánica del Tribunal Constitucional (**STC n.º 93/1992, de 11 de junio, ECLI:ES:TC:1992:93**).

A TENER EN CUENTA. El Tribunal Constitucional en su **STC n.º 62/1982, de 15 de octubre, ECLI:ES:TC:1982:62,** establece que: «(...) La prohibición de conocer de los hechos alude a la atribución de competencia, pero no prohíbe el conocimiento en el sentido de ilustración o análisis reflexivo de los antecedentes que puede resultar conveniente o incluso necesario para fundar la resolución», es decir, el Tribunal Constitucional puede emitir un juicio de ponderación sobre los probados en la instancia.

El artículo 55.2 de la LOTC regula la llamada **autocuestión de inconstitucionalidad**, en los siguientes términos: «*En el supuesto de que el recurso de amparo debiera ser estimado porque, a juicio de la Sala o, en su caso, la Sección, la ley aplicada lesione derechos fundamentales o libertades públicas, se elevará la cuestión al Pleno con suspensión del plazo para dictar sentencia, de conformidad con lo prevenido en los artículos 35 y siguientes*».

CUESTIÓN

¿Qué se regula en los arts. 35 y siguientes de la Ley Orgánica del Tribunal Constitucional?

En estos artículos se regula la cuestión de inconstitucionalidad promovida por jueces o tribunales.

En este supuesto —sentencias de avocación a Pleno— no se resuelve el recurso de amparo hasta que el Pleno no se pronuncie sobre la cuestión de inconstitucionalidad. Es, pues, posible que en el recurso de amparo se llegue a discutir la conformidad a la Constitución del precepto o preceptos legales que, aplicados al demandante, depararon la lesión que motiva su queja, y así lo ha venido señalando el Tribunal Constitucional desde la **STC n.º 41/1981, de 18 de diciembre, ECLI:ES:TC:1981:41**. Ello no altera la naturaleza de este recurso constitucional, que ha de seguirse tramitando y resolviendo como remedio que es frente a vulneraciones singulares de derechos fundamentales, pues la eventual inaplicación de la ley, acaso inconstitucional, para la concesión de amparo limita sus efectos al caso concreto decidido, sin que el Tribunal Constitucional deba entonces, juzgando en amparo, hacer pronunciamiento general alguno sobre la contradicción entre dicha ley y la Constitución, pronunciamiento al que sólo cabrá llegar, en estos supuestos, a través del procedimiento establecido en el citado artículo 55.2 de la LOTC.

Entre las cuestiones internas de inconstitucionalidad destacan aquéllas que anulan normas sancionadoras, como la **STC n.º 39/2011, de 31 de marzo, ECLI:ES:TC:2011:39** que declara inconstitucional y nulo el párrafo segundo del artículo 61.2 de la Ley General Tributaria de 28 de diciembre de 1963, cuya redacción original preveía un recargo único del cien por cien cuando el contribuyente no solicite el aplazamiento o fraccionamiento de pago de las declaraciones extemporáneas. El último fundamento jurídico de la citada sentencia determina que «(...) *cuando —como sucede en el supuesto que enjuiciamos— está en juego la exclusión de una sanción administrativa, la Sentencia de este Tribunal tiene efectos incluso sobre las situaciones jurídicas declaradas por Sentencia con fuerza de cosa juzgada(...)*», para concluir afirmando que «(...) *el art. 40.1 LOTC, en relación con el art. 25.1 CE, no sólo per-*

mite la revisión de los recargos del 100 por 100 exigidos en su día al amparo del párrafo segundo del art. 61.2 LGT, incluso en los casos en los que su imposición hubiera sido confirmada mediante una Sentencia firme — "lo que presupone la existencia de cauces de revisión ... para lograr eliminar, en atención a lo querido por el art. 25.1 CE, todo efecto de la Sentencia" (STC 150/1997, FJ 5)—, sino que, además, impide a la Administración tributaria volver a imponer dicho recargo de naturaleza sancionadora al estar previsto en una disposición legal que ya habría sido expulsada del Ordenamiento jurídico, por más que la declaración de su inconstitucionalidad y nulidad se deba a la vulneración del derecho a un proceso con todas las garantías reconocido en el art. 24.2 CE».

CUESTIONES

1. ¿Cabe recurso contra las sentencias del Tribunal Constitucional?

No, contra las sentencias del Tribunal Constitucional no cabe recurso alguno, pero en el plazo de dos días a contar desde su notificación, las partes podrán solicitar la aclaración de las mismas, tal y como se establece en el art. 93.1 de la LOTC. La única posibilidad que tendrían las partes sería acudir al Tribunal Europeo de los Derechos Humanos cuando el derecho o libertad eventualmente violado se encuentre garantizado por el Convenio Europeo de Derechos Humanos o alguno de sus Protocolos ratificados por España.

2. ¿Puede solicitarse la aclaración de una sentencia del Tribunal Constitucional?

Sí, en el plazo de dos días podría solicitarse la aclaración.

3. ¿Y la rectificación de la sentencia?

Sí, las partes también pueden solicitar la rectificación de errores materiales manifiestos, o errores aritméticos de la sentencia del TC.

5.9. Recurso de amparo electoral

El recurso de amparo electoral procede contra sentencias dictadas en procesos electorales —dicha sentencia agota la vía judicial previa—, correspondiendo al Tribunal Constitucional fiscalizar las vulneraciones de derechos fundamentales que se hayan producido en el correspondiente proceso electoral, en lo atinente a proclamación de candidatos y de electos. Así lo señala la **sentencia del Tribunal Constitucional n.° 112/2007, de 10 de mayo, ECLI:ES:TC:2007:112**, cuando dispone: «*La "modalidad específica de recurso de amparo" (SSTC 71/1986, de 31 de mayo, y 1/1988, de 13 de enero) que articuló la Ley Orgánica de régimen electoral general, se prevé, de modo expreso, como cauce de amparo frente a las resoluciones de las que conoció o que dictaron los Juzgados de lo Contencioso-Administrativo en recursos frente a la proclamación de candidaturas y candidatos (art. 49.3 y 4 LOREG) o también, por vía de remisión explícita, frente a las resoluciones dictadas por la Sala del Tribunal Supremo regulada en el art. 61 LOPJ cuando de lo que se trata es de recurrir frente a la proclamación o exclusión de* *candidaturas presentadas por las agrupaciones de electores a que se refiere el art. 44.4 de la propia Ley Orgánica del régimen electoral general*».

Existe una consolidada doctrina constitucional que sostiene que, en principio, los errores e irregularidades cometidos en la presentación de las candidaturas son subsanables y, en consecuencia, las juntas electorales han de ofrecer la oportunidad de que los defectos en los que incurran las candidaturas puedan ser corregidos (**SSTC n.º 96/2007, de 8 de mayo, ECLI:ES:TC:2007:96; n.º 115/2007, de 10 de mayo, ECLI:ES:TC:2007:115**), sin que quepa distinguir, para determinar qué defectos son subsanables, entre simples irregularidades y defectos sustantivos o esenciales (**STC n.º 162/2011, de 2 de noviembre, ECLI:ES:TC:2011:162**).

ANEXO I.
CASOS PRÁCTICOS

Caso Práctico | ¿Es necesario abogado para presentar recurso de amparo? ¿Puede redactarse en lengua cooficial?

PLANTEAMIENTO

Teniendo en cuenta que protege derechos fundamentales inherentes a la persona, ¿es necesario abogado para presentar un recurso de amparo al Tribunal Constitucional? ¿Puede redactarse este en alguna de las lenguas cooficiales del estado?

RESPUESTA

Sí, para presentar recurso de amparo es necesario abogado y no puede redactarse en otra lengua que no sea el castellano.

Ello con base en el siguiente articulado:

Artículo 81.1 de la Ley Orgánica 2/1979, de 3 de octubre, del Tribunal Constitucional (LOTC):

> «Las personas físicas o jurídicas cuyo interés les legitime para comparecer en los procesos constitucionales, como actores o coadyuvantes, deberán conferir su representación a un Procurador y actuar bajo la dirección de Letrado. Podrán comparecer por sí mismas, para defender derechos o intereses propios, las personas que tengan título de Licenciado en Derecho, aunque no ejerzan la profesión de Procurador o de Abogado».

Artículo 80 de la LOTC:

> «Se aplicarán, con carácter supletorio de la presente Ley, los preceptos de la Ley Orgánica del Poder Judicial y de la Ley de Enjuiciamiento Civil, en materia de comparecencia en juicio, recusación y abstención, publicidad y forma de los actos, comunicaciones y actos de auxilio jurisdiccional, día y horas hábiles, cómputo de plazos, deliberación y votación, caducidad, renuncia y desistimiento, lengua oficial y policía de estrados (...)».

Apartados 1, 2 y 3 del artículo 231 de la Ley Orgánica 6/1985, de 1 de julio, del Poder Judicial (LOPJ) y articulo 142 de la Ley 1/2000, de 7 de enero, de Enjuiciamiento Civil (LEC):

> «1. En todas las actuaciones judiciales, los Jueces, Magistrados, Fiscales, Letrados de la Administración de Justicia y demás funcionarios de Juzgados y Tribunales usarán el castellano, lengua oficial del Estado.
>
> 2. Los Jueces, Magistrados, Letrados de la Administración de Justicia, Fiscales y demás funcionarios de Juzgados y Tribunales podrán usar también la lengua oficial propia de la Comunidad Autónoma, si ninguna de las partes se opusiere, alegando desconocimiento de ella que pudiere producir indefensión.
>
> 3. Las partes, sus procuradores y abogados, así como los testigos y peritos, podrán utilizar la lengua que sea también oficial en la Comunidad Autónoma en cuyo territorio tengan lugar las actuaciones judiciales, tanto en manifestaciones orales como escritas».

Como se sabe, el Tribunal Constitucional tiene su sede en Madrid, territorio en el que existe una única lengua oficial.

Caso práctico | ¿El principio *in dubio pro reo* es susceptible de recurso de amparo?

PLANTEAMIENTO

Un juzgado condena al señor X por un delito de conducción bajo los efectos de bebidas alcohólicas, frente a dicha sentencia interpone recurso de apelación ante la audiencia provincial, la cual ratifica la sentencia impugnada. Ante esta decisión X decide interponer recurso de amparo por entender vulnerado el principio *in dubio pro reo* al existir prueba, aunque insuficiente, para que los tribunales concluyan que se ha cometido un delito.

A la vista de la fundamentación del recurso de amparo se plantea la siguiente cuestión: ¿cabe recurso de amparo como medio de protección del principio *in dubio pro reo*?

RESPUESTA

La respuesta a esta cuestión es negativa, y es que la infracción del principio *in dubio pro reo* carece de transcendencia constitucional. El Tribunal Constitucional se ha pronunciado en múltiples ocasiones recogiendo en la **STC n.° 137/2005, de 23 de mayo, ECLI:ES:TC:2005:137**:

> «(...) si bien existe relación entre el derecho a la presunción de inocencia y aquel principio, siendo ambos una manifestación del más genérico favor rei, hay una significativa diferencia entre ellos, pues el principio in dubio pro reo entra en juego únicamente si existe una duda racional sobre la real concurrencia de los elementos del tipo penal pese a que se haya practicado prueba válida con las necesarias garantías. De este modo, desde la perspectiva constitucional, mientras el derecho a la presunción de inocencia se halla protegido en vía de amparo, el principio in dubio pro reo, en tanto que perteneciente al convencimiento íntimo o subjetivo del órgano judicial, ni está dotado de la misma protección, ni puede en modo alguno ser objeto de valoración por este Tribunal cuando el órgano judicial no ha albergado duda alguna acerca del carácter incriminatorio de las pruebas practicadas (SSTC 63/1993, de 1 de marzo, FJ 4; 103/1995, de 3 de julio, FJ 4; 16/2000, de 16 de enero, FJ 4; 209/2003, de 1 de diciembre, FJ 5; 61/2005, de 14 de marzo, FJ 4)».

Caso práctico | ¿Cuál es el alcance del artículo 42 de la LOTC?

PLANTEAMIENTO

El artículo 42 de la Ley Orgánica del Tribunal Constitucional (LOTC) recoge la posibilidad de recurrir directamente ante el TC, sin necesidad de acudir a la jurisdicción ordinaria, las decisiones o actos sin valor de ley, emanados de las Cortes o de cualquiera de sus órganos, o de las asambleas legislativas de las comunidades autónomas, o de sus órganos, que violen los derechos y libertades susceptibles de amparo constitucional. ¿Qué actos de las cámaras se encontrarían dentro de su ámbito de aplicación? ¿Puede interpretarse este artículo de forma expansiva e incluir aquellos que no sean de naturaleza típicamente parlamentaria?

RESPUESTA

El Tribunal Constitucional se ha pronunciado en el sentido de entender que el «amparo directo» recogido en el art. 42 de la LOTC no puede interpretarse de forma expansiva, ya que este artículo contiene una excepción al principio de subsidiariedad que debe entenderse de forma restrictiva.

Podemos citar aquí la **sentencia del Tribunal Constitucional n.° 82/2023, de 3 de julio, ECLI:ES:TC:2023:82**, que tras reconocer que el art. 42 de la LOTC regula un amparo directo contra decisiones o actos sin valor de ley de las asambleas legislativas, o de sus órganos, que violen derechos o libertades susceptibles de este recurso constitucional, cuyo enjuiciamiento corresponde en exclusiva a la jurisdicción constitucional, sin intervención de la ordinaria, señala que:

> «**Como toda excepción**, la incorporada en el art. 42 LOTC **no puede ser objeto de un entendimiento expansivo**, so pena de provocar una injustificada exclusión de los órganos del Poder Judicial en orden a las funciones que en general les corresponden para la garantía de los derechos e intereses legítimos (art. 24.1 CE), con el detrimento consiguiente de la subsidiariedad que es connatural, de principio, al recurso de amparo ante esta jurisdicción constitucional».

A continuación la mentada sentencia recoge que los actos y decisiones de las asambleas a los que se refiere el art. 42 de la LOTC son únicamente los de naturaleza típicamente parlamentaria, excluyendo aquellos que, aunque puedan afectar también a derechos fundamentales, se hubieran dictado por autoridades internas de las mismas Cámaras, recalcando que estos últimos actos serían controlables en su caso por la jurisdicción contencioso-administrativa, y de ser necesario por el cauce de amparo regulado en el art. 43 de la LOTC.

Se analiza por el Tribunal Constitucional el alcance del art. 42 de la LOTC, es decir, cuáles pueden considerarse órganos de las Cámaras legislativas cuyas decisiones y actos quedarán sustraídos del enjuiciamiento de la jurisdicción ordinaria, a los efectos del mentado artículo, estableciendo que:

> «(...) Consideradas las razones sustantivas que subyacen a esta excepcional exclusión del Poder Judicial (y a la intervención única, por lo mismo, del Tribunal Constitucional), tales órganos no pueden ser otros —**además del propio pleno**, que no es, en rigor, órgano de la Cámara, sino la Cámara misma— que **aquellos cuyas decisiones resulten imputables a las respectivas asambleas por ser "manifestación acabada de [su] voluntad"** (STC

42/2014, de 25 de marzo, FJ 2, para otro tipo de proceso constitucional) **en tanto que instituciones de representación política**, pues solo esta función representativa (del conjunto del pueblo español o de sus diversas articulaciones en cada comunidad autónoma) justifica, por tradición y en atención a la posición y autonomía de los parlamentos, la deferente singularidad que aquí se considera. Órganos, en otras palabras, siempre integrados o incorporados por representantes políticos (únicos para los que tiene sentido, como es obvio, la referencia excluyente del art. 42 LOTC a las decisiones o actos "sin valor de ley") y a los que corresponderá, según los casos, ya el ejercicio inmediato de tales funciones de representación popular, ya la decisión, en nombre de la Cámara y de conformidad con su reglamento, sobre las condiciones y procedimientos para ese desempeño, cometidos de gobierno, estos últimos, que solo pueden corresponder —de manera colegiada o no— a miembros de la respectiva asamblea, cuya autonomía de organización y funcionamiento (por todas, STC 118/1995, de 17 de julio, FJ 3) quedaría, si así no fuera, obviamente cancelada».

Ya para finalizar, concluye la mentada sentencia que:

> «Pero lo que con toda claridad se ha de dejar sentado ahora es que aquel recurso directo, carente de vía judicial previa, no será nunca el cauce adecuado para enjuiciar actos y resoluciones dictados por los cargos funcionariales de la administración parlamentaria que pudieran afectar a derechos fundamentales, ya de los parlamentarios, ya de unos u otros empleados de la asamblea, ya, en fin, de cualesquiera ciudadanos. Tales actos y resoluciones no son ni directa ni indirectamente imputables, con arreglo a lo expuesto, a la representación popular que toma cuerpo en la Cámara respectiva, sino a la administración propia y, por así decir, separada que está a su servicio (...) y tampoco, por lo mismo, cabría reclamar para ellos la autonomía, constitucional o estatutaria, que corresponde, en palabras ya evocadas de este tribunal, a las decisiones de "naturaleza típicamente parlamentaria". Naturaleza que, a efectos del art. 42 LOTC, no es posible atribuir sin más, por lo tanto, a cualesquiera actos que pudieran ser adoptados en el seno de la organización de las Cámaras, de modo que **carecería de todo sentido en Derecho sustraer los de carácter administrativo al control de la jurisdicción ordinaria**, con el consiguiente estrechamiento, si así se hiciera, del ámbito en el que se ha de desplegar para todos la tutela judicial efectiva (art. 24.1 CE)».

Caso práctico | ¿Pueden acumularse el recurso de amparo judicial y el recurso contencioso-electoral?

PLANTEAMIENTO

En un proceso electoral, un partido político presenta recurso de amparo judicial frente al acuerdo de 7 de agosto de la junta electoral que desestimó la solicitud de todo el voto nulo. En dicho escrito se hace constar por medio de otrosí que también se ha interpuesto recurso contencioso-electoral frente al acuerdo de 8 de agosto de proclamación de electos que trae causa del acuerdo de 7 de agosto. Por tanto, la parte recurrente solicita que se acumulen los procesos. ¿Es posible esta acumulación?

RESPUESTA

El art. 34 de la LJCA señala que serán acumulables en un proceso las pretensiones que se deduzcan en relación con un mismo acto, disposición o actuación y aquellos que sean reproducción, confirmación o ejecución de otros o exista entre ellos cualquier otra conexión. Sin embargo en el caso que se plantea debe señalarse la improcedencia de la acumulación de procedimientos de distinta naturaleza, y así lo ha señalado el Tribunal Supremo en el **auto, rec. 780/2023, de 23 de agosto, ECLI:ES:TS:2023:11013A** al establecer:

> «Por un lado, el artículo 109 de la citada LOREG delimita el objeto del recurso contencioso-electoral al examen de la proclamación de electos, así como la elección y proclamación de los Presidentes de las Corporaciones Locales, tramitándose conforme a las reglas específicas de los artículos 112 y siguientes de la LOREG, y ello con el fin de adoptar alguno de los sentidos del fallo previstos en el artículo 113.2 de la LOREG (...).
>
> (...)
>
> Sin embargo, la finalidad esencial que persigue el procedimiento especial de protección de los derechos fundamentales, de conformidad con lo dispuesto en los artículos 114 y siguientes de la Ley jurisdiccional, no es otra que salvaguardar los derechos a los que se refiere el artículo 53.2 de la Constitución (artículo 114 en relación con el artículo 121 de la citada Ley).
>
> Por tanto, cada procedimiento especial (contencioso-electoral y derechos fundamentales) tiene su propio ámbito de cognición, caracterizándose, además, la tramitación del recurso contencioso-electoral por la perentoriedad de los plazos, de conformidad con lo previsto en sus artículos 109 y siguientes, y la doctrina constitucional (entre otras, la STC 48/2000, de 24 de febrero), cuya consecuencia da lugar a que la jurisprudencia recalque la necesidad de respetar el principio de seguridad jurídica electoral (STS de 15 de febrero de 2017, recurso núm. 848/2015), y a respetar los procedimientos existentes al efecto, lo contrario, conllevaría a desnaturalizar el contenido del recurso contencioso-electoral».

Caso práctico | ¿Cuáles son los requisitos de admisibilidad de la demanda de amparo?

PLANTEAMIENTO

¿Cuáles son los requisitos que establece la LOTC para que la demanda de amparo sea admitida a trámite? ¿Quién decide sobre la admisión o inadmisión de la misma?

RESPUESTA

A lo largo de la Ley Orgánica 2/1979, de 3 de octubre, del Tribunal Constitucional, se recogen distintos requisitos que van a condicionar que la demanda de amparo sea admitida a trámite. Esta admisión debe acordarse mediante providencia, y debe adoptarse por la unanimidad de los miembros de la sección. Cuando obtenga mayoría, pero no alcance la unanimidad se trasladará la decisión a la Sala respectiva.

La Guía para la presentación de las demandas de amparo de la Secretaria General del Tribunal Constitucional realiza una enumeración de estos requisitos que serían:

a) Que la demanda cumpla con las condiciones del art. 49.1 de la LOTC, es decir, que en ella:

- Se expongan con claridad y concisión los hechos que la fundamenten.
- Se citen los preceptos constitucionales que se estimen infringidos.
- Se fije con precisión el amparo que se solicita.
- Se justifique la especial trascendencia constitucional del recurso.

b) Que sea presentada por procurador y esté firmada por letrado (art. 81 de la LOTC). Se recoge una especialidad para las personas que tengan título de licenciado en Derecho, aunque no ejerzan la profesión de procurador o de abogado, que podrán comparecer por sí mismas para defender sus derechos o intereses propios.

c) Que, en caso de actuar el recurrente por representación, acredite documentalmente la misma [art. 49.2 a) de la LOTC].

d) Que se acompañe, en su caso, copia, traslado o certificación de la resolución recaída en el procedimiento judicial o administrativo [art. 49.2 b) de la LOTC].

e) Que se acompañen tantas copias de la demanda y de los documentos presentados como partes hubieran sido en el proceso previo y una más para el Ministerio Fiscal (art. 49.3 de la LOTC), si bien desde la entrada en funcionamiento del registro electrónico del Tribunal no es necesaria la aportación de copias en papel.

f) Que se presente en el plazo legalmente previsto en cada caso que se recoge en los arts. 42, 43 y 44.2 de la LOTC.

g) Que se dirija contra actos susceptibles de ser recurridos en amparo (arts. 41.2, 42 y 44.1.b de la LOTC).

h) Que se deduzca respecto de derechos o libertades susceptibles de ser protegidos en amparo, es decir, los recogidos en art. 14 de la CE, en la sección primera, del capítulo segundo de la CE, y también la objeción de conciencia (arts. 53.2 de la CE y 41.1 de la LOTC).

i) Que se pretenda el restablecimiento o preservación de tales derechos o libertades (art. 41.3 de la LOTC).

j) Que el recurrente ostente legitimación para recurrir (arts. 162.1 de la CE y 46 de la LOTC).

k) Que se haya denunciado formalmente en el proceso, si hubo oportunidad, la vulneración del derecho constitucional tan pronto como, una vez conocida, hubiera lugar para ello (art. 44.1.c de la LOTC).

l) Que se hayan agotado todos los medios de impugnación previstos por las normas procesales para el caso concreto en la vía judicial (art. 44.1 a de la LOTC).

m) Que el contenido del recurso justifique una decisión sobre el fondo por parte del Tribunal Constitucional en razón de su especial trascendencia constitucional, que se apreciará atendiendo a su importancia para la interpretación de la Constitución, para su aplicación o para su general eficacia, y para la determinación del contenido y alcance de los derechos fundamentales [art. 50.1 b) LOTC].

Caso práctico | ¿Cuál es el plazo para presentar un recurso de amparo?

PLANTEAMIENTO

¿Qué plazo tengo para presentar un recurso de amparo? ¿Cómo se calcula?

RESPUESTA

Los plazos para presentar el recurso de amparo aparecen regulados en los artículos 42, 43 y 44 de la LOTC y variarán en función de la resolución que de origen al recurso.

Como punto de partida hay que tener en cuenta que si presentamos el recurso de amparo antes de haber agotado la vía judicial se consideraría «prematuro», y se inadmitiría, pero esto no justifica la presentación de recursos improcedentes que prolonguen de forma artificial la vía judicial, ya que conllevaría la extemporaneidad del recurso de amparo y, por tanto, su inadmisión.

El plazo para interponer el recurso de amparo cuando la vulneración del derecho fundamental se atribuya a una resolución administrativa —es decir, a disposiciones, actos jurídicos, omisiones o simple vía de hecho del Gobierno o de sus autoridades o funcionarios, o de los órganos ejecutivos colegiados de las comunidades autónomas o de sus autoridades o funcionarios o agentes— será de 20 días, que se contarán a partir de la notificación de la resolución recaída en el proceso judicial previo (art. 43 de la LOTC).

Si el recurso de amparo se presenta por una vulneración de derechos fundamentales atribuida a una resolución judicial —es decir, aquellas vulneraciones que tengan su origen inmediato y directo en un acto u omisión de un órgano judicial—, el plazo será de 30 días, y empezará a contarse a partir de la notificación de la resolución recaída en el proceso judicial (art. 44.2 de la LOTC).

En el caso de los recursos de amparo conocidos como mixtos, es decir, cuando se atribuyen vulneraciones tanto a una resolución administrativa como a una judicial, el plazo para presentar el recurso será también de 30 días contados desde la notificación de la resolución recaída en el proceso judicial.

Cuando se trata de recursos de amparo electoral, el art. 49.4 de la LOREG establece que el amparo debe solicitarse en el plazo de dos días.

Para los recursos de amparo parlamentario, aquellos en los que la violación de los derechos y libertades susceptibles de amparo constitucional derive de decisiones o actos sin valor de Ley, emanados de las Cortes o de cualquiera de los órganos, o de las Asambleas legislativas de las Comunidades Autónomas, el plazo será de tres meses, contados desde que sean firmes con arreglo a las normas internas de las Cámara o Asambleas (art. 42 de la LOTC).

Tal y como recuerda la Guía para la presentación de las demandas de amparo de la Secretaria General del Tribunal Constitucional se considerarán días inhábiles:

- Los sábados y domingos.
- El mes de agosto.
- Los días que median entre el 24 de diciembre y el 6 de enero, ambos inclusive.
- Los días de fiesta nacional.
- Los festivos de la Comunidad Autónoma de Madrid.
- Los festivos del municipio de Madrid.

A TENER EN CUENTA. La página web del Tribunal Constitucional contiene una calculadora de plazos para los recursos de amparo.

Caso práctico | El coste de solicitar el amparo constitucional

PLANTEAMIENTO

¿Cuál es el coste del procedimiento de amparo ante el Tribunal Constitucional? ¿Puede solicitarse justicia gratuita para presentar el recurso?

RESPUESTA

En principio el procedimiento para solicitar amparo al Tribunal Constitucional es gratuito, y así lo recoge el art. 95.1 de la LOTC. Esta gratuidad no comprende el pago de los honorarios de abogados y procuradores, cuya intervención en el proceso es preceptiva, salvo que se reconozca el derecho a la asistencia jurídica gratuita.

El derecho a la asistencia jurídica gratuita está garantizado por la Constitución para todo aquel que acredite la insuficiencia de recursos para litigar, y puede solicitarse tanto por quién quiere presentar el recurso de amparo, como por quién quiere oponerse al mismo.

Cuando la concesión de la justicia gratuita ya se hubiera dado en el proceso judicial previo al recurso de amparo pueden darse dos posibilidades:

- Si la resolución contra la que pretenden interponer el recurso de amparo es de un órgano judicial con sede en Madrid, continuarían el abogado/a y el procurador/a ya designados para el procedimiento judicial previo, que tendrán que proceder a la interposición del recurso en el plazo correspondiente según el tipo de amparo solicitado.
- Si por el contrario la resolución contra la que pretende interponerse el recurso de amparo procede de un órgano judicial que no tenga su sede en Madrid, debe presentarse un escrito ante el TC en el que se pondrá de manifiesto la intención de interponer el recurso y se solicitará que se designen abogado/a y procurador/a del turno de oficio. A este escrito debe acompañarse la copia de la resolución que se pretende impugnar, la acreditación de la fecha en la que esta ha sido notificada y la acreditación de la concesión del derecho a la asistencia jurídica gratuita.

Cuando la solicitud de la justicia gratuita se haga de cara a la interposición del recurso de amparo deberá solicitarse ante el Colegio de Abogados de Madrid o ante el Juez Decano de su domicilio. En estos casos deberá presentarse un escrito ante el Tribunal Constitucional manifestando su voluntad de interponer un recurso de amparo, adjuntando la copia de la solicitud de justicia gratuita, y solicitando la suspensión del plazo para interponer el recurso hasta que se resuelva la petición. El plazo para interponer el recurso de amparo se computará desde la comunicación de la designación provisional de abogado/a y procurador/a o desde que se le notifique la resolución definitiva de la Comisión de Asistencia Jurídica Gratuita.

Hay que tener en cuenta que, aunque en principio el procedimiento para interponer el recurso de amparo es gratuito, el TC puede imponer las costas a las partes cuando estas hayan mantenido posiciones infundadas, si apreciara temeridad o mala fe. Además, también recoge el art. 95 de la LOTC que podría imponerse una sanción pecuniaria de 600 a 3.000 euros a quien formulase el recurso de amparo con temeridad o abuso de derecho.

ANEXO II.
FORMULARIOS

Recurso de amparo ante el Tribunal Constitucional solicitando la suspensión de la resolución

AL TRIBUNAL CONSTITUCIONAL

Don/Doña [NOMBRE_PROCURADOR_CLIENTE], procurador/a de los tribunales y de **don/doña** [NOMBRE_CLIENTE], según acredito mediante poder que acompaño como **documento n.º** [NÚMERO], bajo la dirección letrada de **don/doña** [NOMBRE_ABOGADO_CLIENTE], colegiado/a número [NÚMERO] del ICA de [LUGAR], ante este tribunal comparezco y, como mejor proceda en derecho,

DIGO

Que con base en lo dispuesto en el artículo [NÚMERO] de la Ley Orgánica del Tribunal Constitucional (LOTC) por mediación de este escrito interpongo en nombre de mi mandante **RECURSO DE AMPARO** contra la resolución [DESCRIPCIÓN] de [FECHA] dictada por [DESCRIPCIÓN], por la que se [DESCRIPCIÓN], y todo ello por los siguientes motivos:

- [DESCRIPCIÓN]

Y ello con base en los antecedentes fácticos y fundamentación siguientes:

ANTECEDENTES DE HECHO

PRIMERO.- El Juzgado de [DESCRIPCIÓN] con fecha [FECHA] dictó resolución [DESCRIPCIÓN], la cual se aporta como **documento n.º** [NÚMERO], por la que [ESPECIFICAR].

SEGUNDO.- Entendiendo que la resolución incumplía normas procesales básicas, entre ellas vulneraciones de derechos constitucionales fundamentales, se procedió a agotar la vía judicial previa mediante la interposición del correspondiente [ESPECIFICAR] conforme se acredita mediante el **documento n.º** [NÚMERO].

TERCERO.- Por medio de la resolución del [ESPECIFICAR JUZGADO/TRIBUNAL] dictada con fecha [FECHA] por la que se puso fin a la vía judicial, se resolvió [ESPECIFICAR] sin que se haya reparado los derechos fundamentales vulnerados.

A los anteriores hechos, les son de aplicación los siguientes,

FUNDAMENTOS JURÍDICOS

PRIMERO.- PLAZO PARA LA INTERPOSICIÓN DEL RECURSO DE AMPARO

Se hace interposición de recurso de amparo dentro de los [NÚMERO] días siguientes al de la fecha en que se notificó la resolución [DESCRIPCIÓN].

Se acompañan como documento n.º [NÚMERO] y n.º [NÚMERO] la resolución que puso fin a la vía judicial y su notificación, respectivamente.

SEGUNDO.- LEGITIMACIÓN

Mi representado se halla legitimado en esta causa por haber sido parte en el proceso judicial anterior (Art. 46.1 b) de la LOTC).

TERCERO.- POSTULACIÓN Y DEFENSA

Se ha dado cumplimiento a lo previsto en el artículo 81 de la LOTC, al estar representada esta parte por el/la procurador/a compareciente, y al estar asistida por el /la letrado/a arriba mencionado, tal y como consta suficientemente acreditado.

CUARTO.- COMPETENCIA

Es competente el Tribunal al que me dirijo, de conformidad con lo dispuesto en el art. 2 y art. 48 de la LOTC, con relación a lo dispuesto en los artículos 53.2 y 161.1 b) de la propia CE.

QUINTO.- DERECHOS FUNDAMENTALES VULNERADOS

El derecho que se entiende violado es de los protegidos por este recurso de amparo constitucional, según lo dispuesto en el artículo 53.2 de la CE y en el artículo 41.1 de la LOTC, pues está recogido en el artículo [ESPECIFICAR] de la CE.

Este/estos derecho/s fueron invocados tan pronto hubo ocasión para ello tal y como se acredita mediante el documento referenciado en el antecedente de hecho segundo.

SEXTO.- OBJETO DE LA PRESENTE SOLICITUD DE AMPARO CONSTITUCIONAL

De conformidad con lo establecido en el artículo 41.3 de la LOTC, el objeto de la presente solicitud de amparo constitucional es la de restablecer y preservar los derechos y libertades fundamentales, por razón de las cuales se formula el presente recurso.

SÉPTIMO.- AGOTAMIENTO DE LA VÍA JUDICIAL ORDINARIA PREVIA

Se aprecia una vulneración constitucional en un acto precedente de un órgano judicial, y acreditamos:

a) Que se han agotado los recursos utilizables en la vía judicial (art 44.1 a) de la LOTC).

b) Que hemos puesto de manifiesto insistentemente en nuestro recurso de apelación que el derecho constitucional violado ha sido el protegido por el artículo 24 de la CE, (art. 44.1 a) de la LOTC).

OCTAVO.- FONDO

Vulneración del artículo 24.1 de la CE, tal y como se ha reflejado en la exposición fáctica, tanto por vulnerar la tutela judicial efectiva, el derecho de defensa y la proporcionalidad de las penas así como falta de motivación de las resoluciones judiciales.

El Tribunal Supremo, en **sentencia n.º 352/2019, de 10 de julio, ECLI:ES:TS:2019:2347** indica que: *«Por otra parte el Tribunal Constitucional tiene establecido que* ***el derecho a la tutela judicial efectiva*** *que reconoce el artículo 24.1 de la Constitución Española, en su dimensión de derecho a obtener una resolución judicial fundada en Derecho, favorable o adversa,* ***es garantía frente a la arbitrariedad e irrazonabilidad de los poderes públicos.*** *Ello implica, en primer lugar, que la resolución ha de estar motivada, es decir, contener los elementos y razones de juicio que permitan conocer cuáles han sido los criterios jurídicos que fundamentan la decisión; y en segundo lugar, la motivación debe contener una fundamentación en Derecho, lo que conlleva la garantía de que la decisión no sea consecuencia de una aplicación arbitraria de la legalidad, no resulte manifiestamente irrazonada o irrazonable o incurra en un error patente ya que, en tal caso, la aplicación de la legalidad sería tan solo una mera apariencia (SSTC 147/1999, 25/2000, 87/2000, 82/2001, 221/2001, 55/2003, 223/2005, 276/2006, 177/2007, 134/2008 y 191/2011, entre otras). Y ha concretado que para que se lesione el derecho fundamental a la tutela judicial efectiva tiene que haber incurrido el Tribunal sentenciador en error material patente, en arbitrariedad o en manifiesta irrazonabilidad, únicas circunstancias que pueden determinar la lesión del derecho fundamental (SSTC 37/1995, 46/2004, 51/2007, 181/2007, 20/2009, 65/2011, 132/2011 y 201/2012, entre otras)».*

También la sentencia del **Tribunal Constitucional n.º 140/2022, de 14 de noviembre, ECLI:ES:TC:2022:140** indica:

> «(...) Señalamos entonces:
> - Fundamento jurídico 3: "Este tribunal ha declarado reiteradamente que **el derecho a la tutela judicial efectiva sin indefensión** (art. 24.1 CE) garantiza a todos los que puedan resultar afectados por la decisión que se dicte en un proceso judicial el **derecho a conocer su existencia, a fin de que tengan la posibilidad de intervenir en él, ser oídos, y ejercer la defensa de sus derechos e intereses legítimos.** Un instrumento capital de esa correcta constitución de la relación jurídico procesal, cuya quiebra puede constituir una lesión del derecho a la tutela judicial efectiva (art. 24.1 CE) es, indudablemente, el régimen procesal de emplazamientos, citaciones y notificaciones a las partes de los distintos actos procesales que tienen lugar en el seno de un procedimiento judicial, pues solo así cabe garantizar los indisponibles principios de contradicción e igualdad de armas entre las partes del litigio. De tal manera que la falta o deficiente realización del emplazamiento a quien ha de ser o puede ser parte en el proceso coloca al interesado en una situación de indefensión, lo que vulnera el referido derecho fundamental (SSTC 219/1999, de 29 de noviembre, FJ 2, y 128/2000, de 16 de mayo, FJ 5).
>
> Ello implica que el órgano judicial tiene no solo el deber de velar por la correcta ejecución de los actos de comunicación procesal, sino también el de asegurarse de que dichos actos sirven a su propósito de garantizar que la parte sea oída en el proceso (...)».

La **sentencia del Tribunal Supremo n.º 18/2021, de 15 de enero, ECLI:ES:TS:2021:250**, señala:

> «Según reiteramos en STS 578/2018, de 21 de noviembre, con cita de la STS 331/2015, de 3 de junio, la **exigencia de motivación de las sentencias** resulta, en primer lugar, del artículo 24.1, en tanto que el **derecho a la tutela judicial efectiva comprende el de obtener una resolución suficientemente fundada,** tanto sobre los hechos como sobre el derecho aplicable, así como acerca de la concreción de las consecuencias de tal aplicación. El carácter fundado de la resolución resulta precisamente de su suficiente motivación. En segundo lugar, ese deber deriva de la previsión especifica contenida en el artículo 120.3 de la Constitución.
>
> Tal y como recuerda la STS 435/2018, de 29 de septiembre, el derecho a obtener una resolución debidamente motivada **se vulnera cuando la resolución judicial carece en absoluto de motivación, pero también cuando la que contiene lo es sólo en apariencia o es tan irracional, arbitraria o caprichosa que no puede valorarse como tal motivación.**
>
> En esa misma dirección la STS 602/2007, de 4 de julio, con cita de la STS 584/1998, de 14 de mayo, indica que por lo que se refiere específicamente a las sentencias penales, la motivación debe abarcar (Sentencias del Tribunal Supremo de 26 abril y 27 junio 1995), los tres aspectos relevantes: fundamentación del relato fáctico que se declara probado, subsunción de los hechos en el tipo penal procedente (elementos descriptivos y normativos, tipo objetivo y subjetivo, circunstancias modificativas), y consecuencias punitivas y civiles en el caso de condena (Sentencia 1132/2003, de 10 de septiembre). Pues, como dice la Sentencia 485/2003, de 5 de abril, las sentencias deben estar suficientemente motivadas no sólo en lo referente a la calificación jurídica central o nuclear a que se contraiga el objeto del proceso, sino también en lo relativo a cualquier punto jurídico del debate y de las peticiones de las partes, pues así lo exige el referido artículo 120.3 de la Constitución y también el no hacerlo puede conlle-

> var el defecto formal contenido en el artículo 851.3º de la Ley de Enjuiciamiento Criminal, falta que tradicionalmente se ha denominado "incongruencia omisiva"».

Entendemos pues, que en la sentencia que nos ocupa, la falta motivación observada, no solo es censurable y recurrible ante el Tribunal Supremo conforme al régimen legal de los recursos, sino que incluso sería recurrible en amparo ante el Tribunal Constitucional, por vulneración del artículo 24.1 de la CE, en relación con la interdicción de la arbitrariedad de los poderes públicos art. 9.3 in fine CE, y con la obligación impuesta a los jueces y tribunales en el artículo 120.3 CE.

Sin que se haya razonado de manera suficiente en la sentencia [DESCRIPCIÓN].

NOVENO.- TRASCENDENCIA CONSTITUCIONAL

Sobre la trascendencia constitucional del recurso, de conformidad con el artículo 49.1 de la LOTC: *«El recurso de amparo constitucional se iniciará mediante demanda en la que se expondrán con claridad y concisión los hechos que la fundamenten, se citarán los preceptos constitucionales que se estimen infringidos y se fijará con precisión el amparo que se solicita para preservar o restablecer el derecho o libertad que se considere vulnerado.* ***En todo caso, la demanda justificará la especial trascendencia constitucional del recurso****».*

Concurre en este caso la especial transcendencia constitucional por los siguientes motivos: [DESARROLLAR].

En este punto resulta relevante la **STC n.º 155/2009, de 25 de junio, ECLI:ES:TC:2009:155** que establece:

> «Aunque el recurrente ha de satisfacer necesariamente, de acuerdo con lo dispuesto en el art. 49.1 in fine LOTC, la carga de justificar en la demanda la especial trascendencia constitucional del recurso (AATC 188/2008, de 21 de julio; 289/2008 y 290/2008, de 22 de septiembre), es a este Tribunal a quien corresponde apreciar en cada caso la existencia o inexistencia de esa "especial trascendencia constitucional"; esto es, cuándo, según el tenor del art. 50.1 b) LOTC, "el contenido del recurso justifique una decisión de fondo por parte del Tribunal Constitucional en razón de su especial trascendencia constitucional", atendiendo para ello a los tres criterios que en el precepto se enuncian: "a su importancia para la interpretación de la Constitución, para su aplicación o para su general eficacia y para la determinación del contenido y alcance de los derechos fundamentales". El carácter notablemente abierto e indeterminado, tanto de la noción de "especial trascendencia constitucional", como de los criterios legalmente establecidos para su apreciación, confieren a este Tribunal un amplio margen decisorio para estimar cuándo el contenido de un recurso de amparo "justifi[ca] una decisión sobre el fondo ... en razón de su especial trascendencia constitucional". Como es obvio, la decisión liminar de admisión a trámite del recurso al apreciar el cumplimiento del citado requisito no limita las facultades del Tribunal sobre la decisión final en relación con el fondo del asunto».

DÉCIMO.- INTERVENCIÓN DEL MINISTERIO FISCAL

De conformidad con lo establecido en el artículo 47.2 de la LOTC, es preceptiva la intervención del Ministerio Fiscal.

UNDÉCIMO.- CUMPLIMIENTO DE LOS REQUISITOS ESTABLECIDOS EN EL MODO DE PROPONER LA DEMANDA

Se ha dado cumplimiento a lo dispuesto en el artículo 49.1 y 85.1 de la LOTC, al exponerse con la debida claridad los hechos, así como su fundamento jurídico, señalando el derecho violado y concretando claramente cuál es la pretensión formulada en este recurso. Acompañamos los documentos requeridos, en cumplimiento de lo previsto en el artículo 49.2 y 3 de la LOTC (1).

Por todo lo cual,

SUPLICO AL TRIBUNAL:

Que teniendo por presentado este escrito, con los documentos que se acompañan y sus copias, se sirva admitirlos y, en su virtud, tener por formulado **RECURSO DE AMPARO** en nombre de mi representado don/doña [NOMBRE_CLIENTE], contra la resolución [ESPECIFICAR] y, previos los trámites pertinentes, dictar en su día sentencia por la que estimando el presente recurso, otorgue a mi patrocinado el amparo solicitado y le reintegre en sus derechos fundamentales vulnerados, anulando en consecuencia las resoluciones contra las que se recurre.

Por ser justicia que pido en [LUGAR], a [FECHA],

Ldo.	Proc.
[NOMBRE_ABOGADO_CLIENTE]	[NOMBRE_PROCURADOR_CLIENTE]

PRIMER OTROSÍ DIGO: Que con el fin de evitar daños y perjuicios de imposible o difícil reparación solicito la **SUSPENSIÓN CAUTELAR DE LA EJECUCIÓN DE** [ESPECIFICAR_RESOLUCIÓN] en cuanto se resuelve el recurso de amparo solicitado.

Entendiendo que la ejecución inmediata de la condena impuesta es en este momento susceptible de causar perjuicios de imposible reparación, habida cuenta que actualmente se encuentra en trámite el presente recurso de amparo, debe suspenderse la ejecución inmediata de la condena hasta que por parte de este Tribunal se decida la cuestión, y todo ello a fin de no hacer plenamente ineficaz la resolución que en tal recurso pueda dictarse en caso de otorgarse el amparo.

SUPLICO AL TRIBUNAL:

Que tenga por efectuada la anterior manifestación y decrete la suspensión cautelar de la ejecución de la resolución recurrida conforme a lo establecido en el art. 56.2 de la LOTC, con todo lo demás que sea procedente en derecho.

SEGUNDO OTROSÍ DIGO: Que siendo intención de esta parte cumplir con todos los requisitos legales, en virtud de lo expuesto en el artículo 49.4 de la LOTC, interesamos se nos conceda plazo para subsanar la presente en caso de que por parte del Tribunal se entienda que se ha incumplido alguno de las formalidades establecidas para la interposición del presente recurso.

SUPLICO AL TRIBUNAL:

Que tenga por efectuada la anterior manifestación a los efectos oportunos

Por ser justicia que pido, en lugar y fecha *ut supra*

Ldo.	Proc.
[NOMBRE_ABOGADO_CLIENTE]	[NOMBRE_PROCURADOR_CLIENTE]

(1) Para la presentación del recurso de amparo es esencial tener en cuenta el Acuerdo de 15 de marzo, del Pleno del Tribunal Constitucional, por el que se regula la presentación de los recursos de amparo a través de su sede electrónica, publicado en el BOE de 23 de marzo de 2023 y que ha entrado en vigor el 12 de abril de 2023. Derivado de este acuerdo el TC ha elaborado una guía donde se recogen todos los requisitos para presentar el recurso de amparo.

Escrito de acumulación de procesos en recurso de amparo

Recurso de amparo [NÚMERO]

AL TRIBUNAL CONSTITUCIONAL

Sala [NÚMERO]

Don/Doña [NOMBRE_PROCURADOR_CLIENTE] procurador/a de los tribunales, en nombre de **don/doña** [NOMBRE_CLIENTE], tal y como consta acreditado en las meritadas actuaciones, bajo la dirección letrada de **don/doña** [NOMBRE_ABOGADO_CLIENTE] ante este Tribunal comparezco y, como mejor proceda en derecho,

DIGO

Que en virtud de lo dispuesto en el artículo 83 de la Ley Orgánica del Tribunal Constitucional (LOTC), mediante la presente intereso **LA ACUMULACIÓN DE PROCESOS**, y ello con base en las siguientes,

ALEGACIONES

PRIMERA.- En fecha [FECHA] se presentó, por esta parte, demanda de recurso de amparo que dio lugar a las presentes actuaciones de recurso de amparo [NÚMERO].

SEGUNDA.- Que esta parte ha observado que por parte de don/doña [NOMBRE_PROCURADOR_PARTE_CONTRARIA], en representación de don/doña [NOMBRE_PARTE_CONTRARIA] se presentó con posterioridad, concretamente en [FECHA], demanda de recurso de amparo que ha dado lugar a la apertura del procedimiento [DESCRIPCIÓN].

TERCERO.- Reza el **art. 83** de la LOTC que «El Tribunal podrá, a instancia de parte o de oficio, en cualquier momento, y previa audiencia de los comparecidos en el proceso constitucional, disponer la acumulación de aquellos procesos con objetos conexos que justifiquen la unidad de tramitación y decisión. La audiencia se hará por plazo que no exceda de diez días».

CUARTA.- De conformidad con lo indicado en el exponendo anterior, esta parte entiende que ambos procedimientos guardan relación al ser sus objetos conexos y por tanto, justifica la unidad de tramitación y decisión, como refiere el precitado artículo.

Esto deriva de que en los recursos referenciados se interesa [DESCRIPCIÓN].

Señala el **auto del Tribunal Constitucional n.º 321/2023, de 19 de junio, ECLI:ES:TC:2023:321A**, en relación a la determinación de la acumulación lo siguiente:

> «El artículo 83 de la Ley Orgánica del Tribunal Constitucional (LOTC) permite a este tribunal, de oficio o a instancia de parte y previa audiencia de los comparecidos, disponer la acumulación "de aquellos procesos con objetos conexos que justifiquen la unidad de tramitación y decisión". Se establecen, pues, dos requisitos diferentes que han de concurrir necesariamente de manera simultánea para que proceda dicha acumulación: por un lado, la conexión entre los objetos de los procesos de que se trate; y, por otro, que tal conexión sea relevante en relación con su tramitación y decisión unitarias o, lo que es lo mismo, que la referida conexión justifique la unidad de tramitación y decisión (AATC 417/2003, de 15 de diciembre, FJ 2; 5/2013, de 14 de enero, FJ único; 285/2013, de 16 de diciembre, FJ único, y 82/2016, de 25 de abril, FJ único, entre otros muchos)».

Concurriendo en el presente caso, tanto lo exigible legalmente, como lo referido jurisprudencialmente, entendemos que debe ser acordada la acumulación interesada.

Por lo expuesto,

SUPLICO AL TRIBUNAL:

Que teniendo por presentado este escrito con sus copias y documentos adjuntos, los admita, les de la tramitación legal pertinente, y, que tras los trámites de legales oportunos, dicte resolución por la que acuerde la acumulación de los procedimientos [DESCRIPCIÓN], con todo lo demás que sea procedente en derecho.

Por ser justicia que pido en [LUGAR], a [FECHA],

Ldo.	Proc.
[NOMBRE_ABOGADO_CLIENTE]	[NOMBRE_PROCURADOR_CLIENTE]

Recurso de amparo ante Tribunal Constitucional (vulneración derecho a la tutela judicial efectiva, artículo 24 CE)

AL TRIBUNAL CONSTITUCIONAL

Don/Doña [NOMBRE_PROCURADOR_CLIENTE], procurador/a de los tribunales y de **don/doña** [NOMBRE_CLIENTE], según acredito mediante poder que acompaño como **documento n.º** [NÚMERO], bajo la dirección letrada de don/doña [NOMBRE_ABOGADO_CLIENTE], colegiado número [NÚMERO] por el ICA de [LUGAR],ante este Tribunal comparezco y, como mejor proceda en derecho,

DIGO

Que con base en lo dispuesto en el artículo 44.1 de la Ley Orgánica del Tribunal Constitucional (LOTC) por mediación de este escrito interpongo en nombre de mi mandante **RECURSO DE AMPARO CONSTITUCIONAL** contra sentencia n.º [NÚMERO] de [FECHA] dictada por la Audiencia Provincial de [LUGAR] y la sentencia n.º [NÚMERO] de [FECHA] del Juzgado de lo Penal n.º [NÚMERO] de [LUGAR], dictaminada en el procedimiento abreviado [NÚMERO], por entender que se ha vulnerado el derecho a la tutela judicial efectiva previsto en el art. 24.1 de la CE.

Y ello con base en los antecedentes fácticos y fundamentación siguientes:

ANTECEDENTES

PRIMERO.- El Juzgado de Instrucción n.º [NÚMERO] de [LUGAR] incoó diligencias [DESCRIPCIÓN], celebrándose Juicio Oral por el Juzgado de lo Penal n.º.[NÚMERO] de [LOCALIDAD], dictándose finalmente sentencia de fecha [FECHA], la cual se aporta como **documento n.º** [NÚMERO], en la que se pronuncia el siguiente fallo:

- [TRANSCRIPCIÓN]

SEGUNDO.- Contra la meritada sentencia, se interpuso recurso de anulación para ante la Audiencia Provincial de [PROVINCIA], que dio lugar a la sentencia n.º [NÚMERO] de [FECHA], la cual se aporta como **documento n.º** [NÚMERO], por la que se desestima el recurso interpuesto señalando el fallo:

- [TRANSCRIPCIÓN]

FUNDAMENTOS JURÍDICOS

PRIMERO.- LEGITIMACIÓN

Mi representado se halla legitimado en esta causa por haber sido parte en el proceso judicial anterior (Art. 46.1 b) de la LOTC).

SEGUNDO.- POSTULACIÓN Y DEFENSA

Se ha dado cumplimiento a lo previsto en el artículo 81 de la LOTC, al estar representada esta parte por el Procurador/a compareciente, y al estar asistida por el letrado/a arriba mencionado, tal y como consta suficientemente acreditado en los autos origen de la presente demanda de amparo.

TERCERO.- COMPETENCIA

Es competente el Tribunal al que me dirijo, de conformidad con lo dispuesto en el art. 2 y en el art. 48 de la LOTC, con relación a lo dispuesto en los artículos 53.2 y 161.1 b) de la propia CE.

CUARTO.- DERECHOS FUNDAMENTALES VULNERADOS

El derecho que se entiende violado es de los protegidos por este recurso de amparo constitucional, según lo dispuesto en el artículo 53.2 de la CE y en el artículo 41.1 de la LOTC, al estar enunciado en el artículo 24.1 de la CE.

QUINTO.- OBJETO DE LA PRESENTE SOLICITUD DE AMPARO CONSTITUCIONAL

De conformidad con lo establecido en el artículo 41.3 de la LOTC, el objeto de la presente solicitud de amparo constitucional es restablecer y preservar los derechos y libertades fundamentales, por razón de las cuales se formula el presente recurso.

SEXTO.- AGOTAMIENTO DE LA VÍA JUDICIAL ORDINARIA PREVIA

Se aprecia una vulneración constitucional en un acto precedente de un órgano judicial, y acreditamos lo siguiente:

a) Que se han agotado los recursos utilizables en la vía judicial (art 44.1 a) de la LOTC).

b) Que hemos puesto de manifiesto insistentemente en nuestro recurso de anulación que el derecho constitucional violado ha sido el protegido por el artículo 24 de la CE, (art. 44.1 a) de la LOTC).

SÉPTIMO.- PLAZO PARA LA INTERPOSICIÓN DEL RECURSO DE AMPARO

Se hace interposición de recurso de amparo dentro de los 30 días siguientes (1) al de la fecha en que se notificó la sentencia n.° [NÚMERO] de [FECHA] de la Audiencia Provincial de [LUGAR].

Se acompañan como **documento n.°** [NÚMERO] y **n.°** [NÚMERO] la resolución que puso fin a la vía judicial y su notificación, respectivamente.

OCTAVO.- INTERVENCIÓN DEL MINISTERIO FISCAL

De conformidad con lo establecido en el artículo 47.2 de la LOTC, es preceptiva la intervención del Ministerio Público.

NOVENO.- CUMPLIMIENTO DE LOS REQUISITOS ESTABLECIDOS EN EL MODO DE PROPONER LA DEMANDA

Se ha dado cumplimiento a lo dispuesto en el artículo 49.1 y 85.1 de la LOTC, al exponerse con la debida claridad los hechos, así como su fundamento jurídico, señalando el derecho violado y concretando claramente cuál es la pretensión formulada en este recurso. Acompañamos los documentos requeridos, en cumplimiento de lo previsto en el artículo 49.2 b) y 3 de la LOTC, así como tantas copias de la demanda y de los referidos documentos, como partes hay en este procedimiento (2).

MOTIVOS EN LOS QUE SE FUNDAMENTA EL RECURSO DE AMPARO

PRIMER MOTIVO.- VULNERACIÓN DEL DERECHO A LA TUTELA JUDICIAL EFECTIVA (ART. 24.1 DE LA CE) POR FALTA DE NOTIFICACIÓN

Se ha producido la vulneración del derecho a la **TUTELA JUDICIAL EFECTIVA** por no haber sido citado en la forma legalmente establecida y por tanto desconociendo esta parte el proceso.

La Sentencia recurrida vulnera de forma manifiesta el derecho a la tutela judicial efectiva y todo ello teniendo en cuenta que esta parte desconocía la existencia del proceso toda vez que la citación se realizó [DESCRIPCIÓN] incumpliendo de esta forma lo dispuesto en los arts. 166 y siguientes de la LECrim y por tanto situando a mi representado en una situación de indefensión.

Esta parte tuvo conocimiento del proceso mediante la notificación de la sentencia de primera instancia el [FECHA] momento en que interpuso recurso de anulación conforme a lo señalado en el art. 793 de la LECrim.

La Audiencia Provincial de [LOCALIDAD] desestimó el recurso interpuesto por esta parte, y por tanto mi representado no se ha visto reintegrado en su derecho a la tutela judicial efectiva.

Se solicita en consecuencia, con respecto a este primer motivo, se otorgue el amparo decretando la nulidad de la sentencia recurrida a fin de que se dicte nueva resolución respetuosa con el derecho constitucional vulnerado.

Con relación a la vulneración del derecho a la tutela judicial efectiva por falta de citación, se ha pronunciado el Tribunal Constitucional en la **sentencia n.º 81/2023, de 3 de julio, ECLI:ES:TC:2023:81** en la que establece:

> «a) El derecho a la tutela efectiva que consagra el art. 24.1 CE, se refiere, según literalmente dice la regla constitucional a los derechos e intereses legítimos de la persona. De dicho precepto resulta "la distinción entre derechos subjetivos y simples intereses legítimos y exige para que el derecho de carácter constitucional entre en juego que [...] sea un derecho o un interés del ciudadano que reclama el amparo", lo que excluye, a quien pretende actuar y defender derechos o intereses de otro (STC 48/1984, de 4 de abril, FJ 6).
>
> Una manifestación singular y precisa de la indefensión constitucionalmente relevante es la constituida por la falta de citación o emplazamiento en un proceso, en el que se dilucidan cuestiones que afectan de modo directo y personal a los recurrentes o, cuyas decisiones o pronunciamientos puedan afectarles. La ausencia de emplazamiento supone la privación de las facultades de alegar y, en su caso, de justificar sus derechos e intereses para que le sean reconocidos o para replicar dialécticamente las posiciones contrarias, en aplicación del indispensable principio de contradicción (STC 31/1989, de 13 de febrero, FJ 2).
>
> (...)
>
> En tal sentido, debe destacarse la reciente STEDH de 14 de junio de 2022, asunto Cruz García c. España, en la que se reconoció la vulneración del art. 6.1 CEDH, por privar a la demandante del derecho a la tutela judicial efectiva para impugnar un procedimiento en el que, por haberse acordado una orden de demolición parcial, generaba un impacto directo en la vivienda de su propiedad, sin que existieran indicios de que la demandante tuviera conocimiento extrajudicial del procedimiento en cuestión, aun en el caso de existir una "correcta aplicación del ordenamiento jurídico", si "una particular combinación de hechos" ha tenido el efecto de privar a la demandante del referido derecho (§ 19, 22 y 23). De este modo, para entender que el demandante ha renunciado a su derecho a la tutela judicial efectiva, el requisito previo básico es que el interesado debe conocer la existencia del derecho en cuestión y, por lo tanto, de los procedimientos conexos (STEDH 19 de enero de 2021, asunto Klopstra c. España, § 49)».

SEGUNDO MOTIVO.- VULNERACIÓN DEL DERECHO A LA TUTELA JUDICIAL EFECTIVA (ART. 24.1 DE LA CE) POR FALTA DE MOTIVACIÓN DE LA SENTENCIA

Según el artículo 66.2 del CP, en la aplicación de las penas de delitos leves y en los delitos imprudentes, procederán los jueces y tribunales según su prudente arbitrio, atendiendo a las circunstancias del caso y del culpable, sin ajustarse a las reglas establecidas en el art. 66.1 del CP.

Fijar la pena en función del «prudente arbitrio», no implica que tal decisión no deba razonarse a fin de que por parte del condenado puedan conocerse las razones que motivan que la pena sea una determinada y no otra. La fijación de la pena sin mayor razonamiento y/o motivación, consideramos que no es sino una arbitrariedad proscrita por nuestro ordenamiento constitucional.

Una vez establecido todo lo expuesto, entendemos que no se razona en la sentencia la causa que motiva la imposición de la pena en límites superiores a los mínimos legalmente previstos.

Esta parte entiende que la condena por el delito de [DELITO] debió ser impuesta en el grado mínimo posible, ya que no existe razonamiento ni motivación alguna que justifique lo contrario.

El Tribunal Supremo, en **sentencia n.º 119/2022, de 10 de febrero, ECLI:ES:TS:2022:119**, indica que:

> «En nuestra jurisprudencia, por todas la Sentencia 170/2015, de 20 de marzo, se recuerda la del Tribunal Constitucional que ha declarado que el derecho a la tutela judicial efectiva que reconoce el art. 24.1 CE, en su dimensión de derecho a obtener una resolución judicial fundada en Derecho, favorable o adversa, es garantía frente a la arbitrariedad e irrazonabilidad de los poderes públicos. Ello implica, en primer lugar, que la resolución ha de estar motivada, es decir, contener los elementos y razones de juicio que permitan conocer cuáles han sido los criterios jurídicos que fundamentan la decisión; y en segundo lugar, la motivación debe contener una fundamentación en Derecho, lo que conlleva la garantía de que la decisión no sea consecuencia de una aplicación arbitraria de la legalidad, no resulte manifiestamente irrazonada o irrazonable o incurra en un error patente ya que, en tal caso, la aplicación de la legalidad sería tan solo una mera apariencia».

En la **sentencia del Tribunal Supremo n.º 316/2022, de 30 de marzo, ECLI:ES:TS:2022:1185** el Alto Tribunal establece:

> «El derecho a obtener de los tribunales una resolución suficientemente motivada, es decir, que contenga un razonamiento fundado sobre las cuestiones debidamente planteadas por las partes, forma parte del derecho fundamental a la tutela judicial efectiva reconocido en el artículo 24.1 de la Constitución, y encuentra una referencia expresa en el artículo 120.3 de la misma. Abarca tanto el aspecto fáctico, mediante el análisis de la prueba de cargo y la de descargo y la exposición razonada del proceso valorativo y de sus conclusiones, como el jurídico, de manera que del razonamiento resulte que el tribunal ha realizado una aplicación no irracional, arbitraria o manifiestamente errónea de la legalidad, debiendo extenderse, igualmente, a las consecuencias penales y civiles. La exigencia de motivación no pretende satisfacer necesidades de orden puramente formal, sino permitir a los directamente interesados y a la sociedad en general conocerlas razones de las decisiones de los órganos jurisdiccionales, así como facilitar el control de la racionalidad y corrección técnica de la decisión por el Tribunal que revise la resolución en vía de recurso.
>
> Motivar, es, en definitiva, explicar de forma comprensible las razones que avalan las decisiones que se hayan adoptado en la resolución jurisdiccional, tanto en lo que afecta al hecho como a la aplicación del derecho.
>
> Hemos señalado (STS nº 584/1998, de 14 de mayo) que la motivación debe abarcar (Sentencias del Tribunal Supremo de 26 abril y 27 junio 1995), los tres aspectos relevantes: fundamentación del relato fáctico que se declara probado, subsunción de los hechos en el tipo penal procedente (elementos descrip-

tivos y normativos, tipo objetivo y subjetivo, circunstancias modificativas), y consecuencias punitivas y civiles en el caso de condena.

Hemos dicho también que la motivación puede ser escueta siempre que suponga una aplicación razonable y reconocible del ordenamiento jurídico, incluso implícita, según la doctrina jurisprudencial vigente (Sentencia del Tribunal Supremo de 4 febrero 1992, y Sentencias del Tribunal Constitucional 174 y 175/1985 y 12 y 14/1991) cuando las razones de la concreta decisión se deducen sin dificultad alguna del conjunto de la resolución, o por remisión (Sentencia del Tribunal Constitucional 27/1992), pero en cualquier caso una sentencia penal correcta debe contener una motivación completa, es decir, que abarque los tres aspectos anteriormente indicados con la extensión y profundidad proporcionadas a la mayor o menor complejidad de las cuestiones que se han de resolver».

TERCERO.- TRASCENDENCIA CONSTITUCIONAL

Sobre la trascendencia constitucional del recurso, de conformidad con el artículo 49.1 de la LOTC: *«El recurso de amparo constitucional se iniciará mediante demanda en la que se expondrán con claridad y concisión los hechos que la fundamenten, se citarán los preceptos constitucionales que se estimen infringidos y se fijará con precisión el amparo que se solicita para preservar o restablecer el derecho o libertad que se considere vulnerado.* ***En todo caso, la demanda justificará la especial trascendencia constitucional del recurso****».*

Concurre en este caso la especial transcendencia constitucional por los siguientes motivos: [DESARROLLAR].

En este punto resulta relevante la **STC n.º 155/2009, de 25 de junio, ECLI:ES:TC:2009:155 que** establece:

> «Aunque el recurrente ha de satisfacer necesariamente, de acuerdo con lo dispuesto en el art. 49.1 in fine LOTC, la carga de justificar en la demanda la especial trascendencia constitucional del recurso (AATC 188/2008, de 21 de julio; 289/2008 y 290/2008, de 22 de septiembre), es a este Tribunal a quien corresponde apreciar en cada caso la existencia o inexistencia de esa "especial trascendencia constitucional"; esto es, cuándo, según el tenor del art. 50.1 b) LOTC, "el contenido del recurso justifique una decisión de fondo por parte del Tribunal Constitucional en razón de su especial trascendencia constitucional", atendiendo para ello a los tres criterios que en el precepto se enuncian: "a su importancia para la interpretación de la Constitución, para su aplicación o para su general eficacia y para la determinación del contenido y alcance de los derechos fundamentales". El carácter notablemente abierto e indeterminado, tanto de la noción de "especial trascendencia constitucional", como de los criterios legalmente establecidos para su apreciación, confieren a este Tribunal un amplio margen decisorio para estimar cuándo el contenido de un recurso de amparo "justifi[ca] una decisión sobre el fondo ... en razón de su especial trascendencia constitucional". Como es obvio, la decisión liminar de admisión a trámite del recurso al apreciar el cumplimiento del citado requisito no limita las facultades del Tribunal sobre la decisión final en relación con el fondo del asunto».

Por todo lo expuesto,

SUPLICO AL TRIBUNAL:

Que tenga por presentado este escrito, con las copias y documentos que se acompañan, se sirva admitirlo, teniendo por interpuesto y formalizado en tiempo y forma legalmente oportunos el **RECURSO DE AMPARO CONSTITUCIONAL** en nombre de mi representado don/doña [NOMBRE_CLIENTE], contra las resoluciones [ESPECIFICAR] y, previos los trámites pertinentes, dictar en su día sentencia por la que estimando el presente recurso, otorgue a mi patrocinado el amparo solicitado y le reintegre en sus derechos fundamentales vulnerados, anulando en consecuencia las resoluciones contra las que se recurre.

Por ser justicia que pido en [LUGAR] a [FECHA].

Ldo. [NOMBRE_ABOGADO_CLIENTE]

Proc. [NOMBRE_PROCURADOR_CLIENTE]

PRIMER OTROSÍ DIGO: Que con el fin de evitar daños y perjuicios de imposible o difícil reparación solicito la **SUSPENSIÓN CAUTELAR DE LA EJECUCIÓN DE SENTENCIA.**

Entendiendo que la ejecución inmediata de la condena impuesta es en este momento susceptible de causar perjuicios de imposible reparación, habida cuenta que actualmente se encuentra en trámite el presente recurso de amparo, debe suspenderse la ejecución inmediata de la condena hasta que por parte de este Tribunal se decida la cuestión, y todo ello a fin de no hacer plenamente ineficaz la resolución que pueda dictarse, en caso de otorgarse el amparo.

SUPLICO AL TRIBUNAL:

Que tenga por efectuada la anterior manifestación y decrete la suspensión cautelar de la ejecución de la resolución recurrida conforme a lo establecido en el art. 56.2 de la LOTC, con todo lo demás que sea procedente en derecho.

SEGUNDO OTROSÍ DIGO: Que siendo intención de esta parte cumplir con todos los requisitos legales, en virtud de lo expuesto en el artículo 49.4 de la LOTC, interesamos se nos conceda plazo para subsanar la presente en caso de que por parte del Tribunal se entienda que se ha incumplido alguno de las formalidades establecidas para la interposición del presente recurso.

SUPLICO AL TRIBUNAL:

Que tenga por efectuada la anterior manifestación a los efectos oportunos.

Por ser justicia que pido en lugar y fecha *ut supra.*

Ldo. [NOMBRE_ABOGADO_CLIENTE]

Proc. [NOMBRE_PROCURADOR_CLIENTE]

---

(1) El plazo de 30 días es el que establece el art. 44.2 para los supuestos en que la vulneración del derecho fundamental se atribuya a una resolución judicial.

(2) Para la presentación del recurso de amparo es esencial tener en cuenta el Acuerdo de 15 de marzo, del Pleno del Tribunal Constitucional, por el que se regula la presentación de los recursos de amparo a través de su sede electrónica, publicado en el BOE de 23 de marzo de 2023 y que ha entrado en vigor el 12 de abril de 2023. Derivado de este acuerdo el TC ha elaborado una guía donde se recogen todos los requisitos para presentar el recurso de amparo.

Recurso de amparo ante el Tribunal Constitucional solicitando celebración de vista

AL TRIBUNAL CONSTITUCIONAL

Don/Doña [NOMBRE_PROCURADOR_CLIENTE] procurador/a de los tribunales, en nombre de **don/doña** [NOMBRE_CLIENTE], cuya representación está debidamente acreditada con el poder que se acompaña como documento n.º [NÚMERO], bajo la dirección letrada de don/doña [NOMBRE_ABOGADO_CLIENTE], colegiado/a número [NÚMERO] por el ICA de [LUGAR], ante este Tribunal comparezco y, como mejor proceda en derecho,

DIGO

Que, mediante el presente escrito, en virtud de lo dispuesto en el artículo [NÚM_ARTÍCULO] de la LOTC (1), interpongo **RECURSO DE AMPARO**, dentro del plazo de [PLAZO_DÍAS], que al efecto me concede el artículo referenciado, contra el acto/resolución/disposición, dictada por el [ÓRGANO] en fecha [FECHA], por entender que se ha vulnerado el derecho [ESPECIFICAR] previsto en el/los artículo/s [NÚM_ARTÍCULO] de la Constitución.

Se acompañan al presente escrito, en virtud de lo dispuesto en el artículo 49.2 b de la LOTC, copia del acto/resolución/disposición recurrido, bajo el documento n.º [NÚMERO], así como copia de la sentencia que ha puesto fin a la vía judicial precedente, como documento n.º [NÚMERO].

También se acompañan las copias pertinentes de conformidad con lo requerido por el apartado 3 del artículo arriba indicado.

Sirven de base a la presente demanda los siguientes,

ANTECEDENTES

PRIMERO.- [ESPECIFICAR]

SEGUNDO.- [ESPECIFICAR]

TERCERO.- [ESPECIFICAR]

FUNDAMENTOS JURÍDICOS

PRIMERO.- LEGITIMACIÓN

Mi representado se halla legitimado en esta causa por [ESPECIFICAR] (2) (Art. 46 de la LOTC).

SEGUNDO.- POSTULACIÓN Y DEFENSA

Se ha dado cumplimiento a lo previsto en el artículo 81 de la LOTC, al estar representada esta parte por el procurador/a compareciente, y al estar asistida por el letrado/a arriba mencionado, tal y como consta suficientemente acreditado con los documentos adjuntos.

TERCERO.- COMPETENCIA

Es competente el Tribunal al que me dirijo, de conformidad con lo dispuesto en el art. 2 y en el art. 48 de la LOTC, con relación a lo dispuesto en los artículos 53.2 y 161.1 b) de la propia CE.

CUARTO.- DERECHOS FUNDAMENTALES VULNERADOS

El derecho que se entiende violado es de los protegidos por este recurso de amparo constitucional, según lo dispuesto en el artículo 53.2 de la CE y en el artículo 41.1 de la LOTC, al estar enunciado en el artículo [ESPECIFICAR] de la CE.

QUINTO.- OBJETO DE LA PRESENTE SOLICITUD DE AMPARO CONSTITUCIONAL

De conformidad con lo establecido en el artículo 41.3 de la LOTC, el objeto de la presente solicitud de amparo constitucional es restablecer y preservar los derechos y libertades fundamentales, por razón de las cuales se formula el presente recurso.

SEXTO.- AGOTAMIENTO DE LA VÍA JUDICIAL ORDINARIA PREVIA

Se aprecia una vulneración constitucional en un acto precedente de [ESPECIFICAR], y acreditamos que se han agotado los recursos utilizables en la vía judicial (3).

SÉPTIMO.- PLAZO PARA LA INTERPOSICIÓN DEL RECURSO DE AMPARO

Se hace interposición de recurso de amparo dentro de los [DÍAS] días que concede el art. [ESPECIFICAR] de la LOPJ (4).

OCTAVO.- INTERVENCIÓN DEL MINISTERIO FISCAL

De conformidad con lo establecido en el artículo 47.2 de la LOTC, es preceptiva la intervención del Ministerio Público.

NOVENO.- CUMPLIMIENTO DE LOS REQUISITOS ESTABLECIDOS EN EL MODO DE PROPONER LA DEMANDA

Se ha dado cumplimiento a lo dispuesto en el artículo 49.1 y 85.1 de la LOTC, al exponerse con la debida claridad los hechos, así como su fundamento jurídico, señalando el derecho violado y concretando claramente cuál es la pretensión formulada en este recurso. Acompañamos los documentos requeridos, en cumplimiento de lo previsto en el artículo 49.2 b) y 3 de la LOTC, así como tantas copias de la demanda y de los referidos documentos, como partes hay en este procedimiento (5).

MOTIVOS EN LOS QUE SE FUNDAMENTA EL RECURSO DE AMPARO

PRIMER MOTIVO.- VULNERACIÓN DEL DERECHO [ESPECIFICAR] PREVISTO EN EL ART. [ESPECIFICAR] DE LA CE

I.- El derecho/s cuya lesión se denuncia es el garantizado en el artículo [NÚM_ARTÍCULO] de la Constitución, susceptible de ser recurrido de amparo. Y la lesión invocada es directamente imputable al acto/resolución/disposición recurrida.

II.- De acuerdo con lo mantenido por el Tribunal Constitucional, en la sentencia n.º [SENTENCIA_NÚMERO], el artículo [NÚM_ARTÍCULO] implica [DESCRIPCIÓN].

III.- El derecho ha sido vulnerado o lesionado puesto que el acto/resolución/disposición [DESCRIPCIÓN].

IV.- De lo hasta aquí expuesto, entendemos que el acto, resolución o disposición, ha lesionado el derecho de mi representado.

SEGUNDO MOTIVO.- VULNERACIÓN DEL DERECHO [ESPECIFICAR] PREVISTO EN EL ART. [ESPECIFICAR] DE LA CE

I.- El derecho/s cuya lesión se denuncia es el garantizado en el artículo [NÚM_ARTÍCULO] de la Constitución, susceptible de ser recurrido de amparo. Y la lesión invocada es directamente imputable al acto/resolución/disposición recurrida.

II.- De acuerdo con lo mantenido por el Tribunal Constitucional, en la sentencia n.º [SENTENCIA_NÚMERO], el artículo [NÚM_ARTÍCULO] implica [DESCRIPCIÓN].

III.- El derecho ha sido vulnerado o lesionado puesto que el acto/resolución/disposición [DESCRIPCIÓN].

IV.- De lo hasta aquí expuesto, entendemos que el acto, resolución o disposición, ha lesionado el derecho de mi representado.

TERCERO.- TRASCENDENCIA CONSTITUCIONAL

Sobre la trascendencia constitucional del recurso, de conformidad con el artículo 49.1 de la LOTC: *«El recurso de amparo constitucional se iniciará mediante demanda en la que se expondrán con claridad y concisión los hechos que la fundamenten, se citarán los preceptos constitucionales que se estimen infringidos y se fijará con precisión el amparo que se solicita para preservar o restablecer el derecho o libertad que se considere vulnerado. En todo caso, la demanda justificará la especial trascendencia constitucional del recurso».*

Concurre en este caso la especial transcendencia constitucional por los siguientes motivos: [DESARROLLAR].

En este punto resulta relevante la **STC n.º 155/2009, de 25 de junio, ECLI:ES:TC:2009:155** que establece:

> «Aunque el recurrente ha de satisfacer necesariamente, de acuerdo con lo dispuesto en el art. 49.1 in fine LOTC, la carga de justificar en la demanda la especial trascendencia constitucional del recurso (AATC 188/2008, de 21 de julio; 289/2008 y 290/2008, de 22 de septiembre), es a este Tribunal a quien corresponde apreciar en cada caso la existencia o inexistencia de esa "especial trascendencia constitucional"; esto es, cuándo, según el tenor del art. 50.1 b) LOTC, "el contenido del recurso justifique una decisión de fondo por parte del Tribunal Constitucional en razón de su especial trascendencia constitucional", atendiendo para ello a los tres criterios que en el precepto se enuncian: "a su importancia para la interpretación de la Constitución, para su aplicación o para su general eficacia y para la determinación del contenido y alcance de los derechos fundamentales". El carácter notablemente abierto e indeterminado, tanto de la noción de "especial trascendencia constitucional", como de los criterios legalmente establecidos para su apreciación, confieren a este Tribunal un amplio margen decisorio para estimar cuándo el contenido de un recurso de amparo "justifi[ca] una decisión sobre el fondo en razón de su especial trascendencia constitucional". Como es obvio, la decisión liminar de admisión a trámite del recurso al apreciar el cumplimiento del citado requisito no limita las facultades del Tribunal sobre la decisión final en relación con el fondo del asunto»

Por todo lo cual,

SUPLICO AL TRIBUNAL:

Que tenga por presentado este escrito, con las copias y documentos que se acompañan, se sirva admitirlo, teniendo por interpuesto y formalizado en tiempo y forma legalmente oportunos el **RECURSO DE AMPARO CONSTITUCIONAL** en nombre de mi representado don/doña [NOMBRE_CLIENTE], contra la resolución [ESPECIFICAR] y, previos los trámites pertinentes, dictar en su día sentencia por la que estimando el presente recurso, otorgue a mi patrocinado el amparo solicitado y le reintegre en sus derechos fundamentales vulnerados, anulando en consecuencia las resoluciones contra las que se recurre.

Es justicia que pido en [LUGAR] a [FECHA]

Ldo.	Proc.
[NOMBRE_ABOGADO_CLIENTE]	[NOMBRE_PROCURADOR_CLIENTE]

OTROSÍ DIGO: Interesa a la parte, de acuerdo con lo señalado en el artículo 52.2 de la LOTC, la **celebración de vista** en el día que considere oportuno señalar el Tribunal, tras la presentación de alegaciones o transcurrido el plazo establecido para ello.

SUPLICO AL TRIBUNAL:

Que conforme al art. 52.2 de la LOTC acuerde la celebración de vista señalando fecha para la misma.

Por ser justicia que pido en lugar y fecha *ut supra.*

Ldo. Proc.

[NOMBRE_ABOGADO_CLIENTE] [NOMBRE_PROCURADOR_CLIENTE]

---

(1) En base al art. 42, 43, o 44 de la Ley Orgánica 2/1979, de 3 de octubre, reguladora del Tribunal Constitucional.

(2) Deberá especificarse la causa por la que la parte se encuentra legitimada conforme al art. 46.1 de la LOPJ:

«Uno. Están legitimados para interponer el recurso de amparo constitucional:

a) En los casos de los artículos cuarenta y dos y cuarenta y cinco, la persona directamente afectada, el Defensor del Pueblo y el Ministerio Fiscal.

b) En los casos de los artículos cuarenta y tres y cuarenta y cuatro, quienes hayan sido parte en el proceso judicial correspondiente, el Defensor del Pueblo y el Ministerio Fiscal».

(3) En el supuesto del art. 42 de la LOTC no es necesario agotar la vía judicial, pudiendo recurrir en amaro desde que la decisión o acto sea firme.

(4) En caso de que sea necesario agotar la vía judicial se añadirá la justificación de que se ha cumplido el requisito en la siguiente forma:

«Se acompañan como documento n.º [NÚMERO] y n.º [NÚMERO] la resolución que puso fin a la vía judicial y su notificación, respectivamente».

(5) Para la presentación del recurso de amparo es esencial tener en cuenta el Acuerdo de 15 de marzo, del Pleno del Tribunal Constitucional, por el que se regula la presentación de los recursos de amparo a través de su sede electrónica, publicado en el BOE de 23 de marzo de 2023 y que ha entrado en vigor el 12 de abril de 2023. Derivado de este acuerdo el TC ha elaborado una guía donde se recogen todos los requisitos para presentar el recurso de amparo.

Recurso de amparo mixto ante Tribunal Constitucional

AL TRIBUNAL CONSTITUCIONAL

Don/Doña [NOMBRE_PROCURADOR_CLIENTE] procurador/a de los tribunales, en nombre de **don/doña** [NOMBRE_CLIENTE], cuya representación está debidamente acreditada con el poder que se acompaña como documento n.º [NÚMERO], bajo la dirección letrada de **don/doña** [NOMBRE_ABOGADO_CLIENTE], colegiado número [NÚMERO] por el ICA de [LUGAR], ante este Tribunal comparezco y, como mejor proceda en derecho,

DIGO

Que en nombre de mi representado interpongo **RECURSO DE AMPARO CONSTITUCIONAL** conforme a los arts. 43 y 44 de la LOTC, por entender que el acto de la administración [ESPECIFICAR] de [ÓRGANO ADMINISTRATIVO] y la sentencia [ESPECIFICAR] dictada por [ÓRGANO_JUDICIAL] han vulnerado los derechos fundamentales de mi representado a [DESCRIPCIÓN] y a [DESCRIPCIÓN] (arts. [NÚM_ARTÍCULO] y [NÚM_ARTÍCULO] de la Constitución Española).

ANTECEDENTES

PRIMERO.- Con fecha [FECHA], el/la [ÓRGANO_ADMINITRATIVO] acordó [DESCRIPCIÓN], decisión que tiene su reflejo en la [ESPECIFICAR_RESOLUCIÓN_ADMINISTRATIVA] que se adjunta como documento n.º [NÚMERO].

Esta parte entiende que con esta decisión se vulnera el derecho de mi representado de [DESCRIPCIÓN] recogido en el art. [ARTÍCULO] de la CE (1).

SEGUNDO.- Notificada la anterior resolución administrativa, esta parte interpuso recurso contencioso- administrativo que se tramitó por el procedimiento para la protección de los derechos fundamentales que fue desestimado por el juzgado/tribunal [ESPECIFICAR] mediante la sentencia [ESPECIFICAR] que se acompaña como documento n.º [NÚMERO].

Entiende esta parte que dicha sentencia vulnera el derecho a la tutela judicial efectiva recogido en la art. 24.1 de la CE (2).

TERCERO.- Frente a la sentencia [ESPECIFICAR] se interpuso recurso de apelación ante el tribunal [ESPECIFICAR] finalizado mediante sentencia [DESCRIPCIÓN] en la que se estableció [DESCRIPCIÓN]. Dicha sentencia se acompaña como documento n.º [NÚMERO].

FUNDAMENTOS JURÍDICOS

PRIMERO.- LEGITIMACIÓN

Mi representado se halla legitimado en esta causa por haber sido parte en el proceso judicial [ESPECIFICAR] (Art. 46.1 b) de la LOTC).

SEGUNDO.- POSTULACIÓN Y DEFENSA

Se ha dado cumplimiento a lo previsto en el artículo 81 de la LOTC, al estar representada esta parte por el procurador/a compareciente, y al estar asistida por el letrado/a arriba mencionado, tal y como consta suficientemente acreditado con los documentos adjuntos.

TERCERO.- COMPETENCIA

Es competente el Tribunal al que me dirijo, de conformidad con lo dispuesto en el art. 2 y en el art. 48 de la LOTC, con relación a lo dispuesto en los artículos 53.2 y 161.1 b) de la propia CE.

CUARTO.- DERECHOS FUNDAMENTALES VULNERADOS

Los derechos que se entienden violados son de los protegidos por este recurso de amparo constitucional, según lo dispuesto en el artículo 53.2 de la CE y en el artículo 41.1 de la LOTC, al estar enunciados en los artículos [ESPECIFICAR] de la CE.

QUINTO.- OBJETO DE LA PRESENTE SOLICITUD DE AMPARO CONSTITUCIONAL

De conformidad con lo establecido en el artículo 41.3 de la LOTC, el objeto de la presente solicitud de amparo constitucional es restablecer y preservar los derechos y libertades fundamentales, por razón de las cuales se formula el presente recurso.

SEXTO.- AGOTAMIENTO DE LA VÍA JUDICIAL ORDINARIA PREVIA

Se aprecia una vulneración constitucional en un acto precedente de [ESPECIFICAR], y acreditamos que se han agotado los recursos utilizables en la vía judicial.

SÉPTIMO.- PLAZO PARA LA INTERPOSICIÓN DEL RECURSO DE AMPARO

Se hace interposición de recurso de amparo dentro de los 30 días que concede el art. 44.2 de la LOPJ.

OCTAVO.- INTERVENCIÓN DEL MINISTERIO FISCAL

De conformidad con lo establecido en el artículo 47.2 de la LOTC, es preceptiva la intervención del Ministerio Público.

NOVENO.- CUMPLIMIENTO DE LOS REQUISITOS ESTABLECIDOS EN EL MODO DE PROPONER LA DEMANDA

Se ha dado cumplimiento a lo dispuesto en el artículo 49.1 y 85.1 de la LOTC, al exponerse con la debida claridad los hechos, así como su fundamento jurídico, señalando los derechos violados y concretando claramente cuál es la pretensión formulada en este recurso. Acompañamos los documentos requeridos, en cumplimiento de lo previsto en el artículo 49.2 b) y 3 de la LOTC, así como tantas copias de la demanda y de los referidos documentos, como partes hay en este procedimiento (3).

MOTIVOS EN LOS QUE SE FUNDAMENTA EL RECURSO DE AMPARO

PRIMER MOTIVO.- VULNERACIÓN DEL DERECHO A [DESCRIPCIÓN] **(ART.** [NÚM_ARTÍCULO] **DE LA CONSTITUCIÓN) EN RELACIÓN CON EL DERECHO A** [DESCRIPCIÓN] **(ART.** [NÚM_ARTÍCULO] **DE LA CONSTITUCIÓN)**

- Breve extracto del motivo [DESCRIPCIÓN].

La resolución administrativa, descrita en el hecho primero, que ahora recurrimos ha vulnerado el derecho de mi mandante a [DESCRIPCIÓN], ya que [DESCRIPCIÓN].

SEGUNDO MOTIVO.- VULNERACIÓN DEL DERECHO A LA TUTELA JUDICIAL EFECTIVA (ART. 24.1 DE LA CONSTITUCIÓN) (2)

Breve extracto del motivo [DESCRIPCIÓN]. Tanto el juzgado/tribunal [ESPECIFICAR] como el tribunal [ESPECIFICAR] han lesionado igualmente el derecho de mi patrocinado a la tutela judicial efectiva (2), en su vertiente de [CONCEPTO].

TERCER MOTIVO.- TRASCENDENCIA CONSTITUCIONAL

Sobre la trascendencia constitucional del recurso, de conformidad con el artículo 49.1 de la LOTC: «*El recurso de amparo constitucional se iniciará mediante demanda en la que se expondrán con claridad y concisión los hechos que la fundamenten, se citarán los preceptos constitucionales que se estimen infringidos y se fijará con precisión el amparo que se solicita para preservar o restablecer el derecho o libertad que se considere vulnerado. En todo caso, la demanda justificará la especial trascendencia constitucional del recurso*».

Concurre en este caso la especial transcendencia constitucional por los siguientes motivos: [DESARROLLAR].

En este punto resulta relevante la **STC n.º 155/2009, de 25 de junio, ECLI:ES:TC:2009:155** que establece:

> «Aunque el recurrente ha de satisfacer necesariamente, de acuerdo con lo dispuesto en el art. 49.1 in fine LOTC, la carga de justificar en la demanda la especial trascendencia constitucional del recurso (AATC 188/2008, de 21 de julio; 289/2008 y 290/2008, de 22 de septiembre), es a este Tribunal a quien corresponde apreciar en cada caso la existencia o inexistencia de esa "especial trascendencia constitucional"; esto es, cuándo, según el tenor del art. 50.1 b) LOTC, "el contenido del recurso justifique una decisión de fondo por parte del Tribunal Constitucional en razón de su especial trascendencia constitucional", atendiendo para ello a los tres criterios que en el precepto se enuncian: "a su importancia para la interpretación de la Constitución, para su aplicación o para su general eficacia y para la determinación del contenido y alcance de los derechos fundamentales". El carácter notablemente abierto e indeterminado, tanto de la noción de "especial trascendencia constitucional", como de los criterios legalmente establecidos para su apreciación, confieren a este Tribunal un amplio margen decisorio para estimar cuándo el contenido de un recurso de amparo "justifi[ca] una decisión sobre el fondo en razón de su especial trascendencia constitucional". Como es obvio, la decisión liminar de admisión a trámite del recurso al apreciar el cumplimiento del citado requisito no limita las facultades del Tribunal sobre la decisión final en relación con el fondo del asunto»

Por todo lo expuesto,

SUPLICO AL TRIBUNAL:

Que teniendo por presentado este escrito, con los documentos que se acompañan y sus copias, se sirva admitirlos y, en su virtud, tener por formulado **RECURSO DE AMPARO CONSTITUCIONAL** en nombre de mi patrocinado, don/doña [NOMBRE_CLIENTE], contra la resolución del órgano [ESPECIFICAR] de [FECHA] y la sentencia dictada por el juzgado/tribunal [ESPECIFICAR] el pasado [FECHA], así como contra la dictada en fecha [FECHA] por el tribunal [ESPECIFICAR] y, previos los trámites pertinentes, dictar en su día sentencia por la que estimando el presente recurso, otorgue a mi patrocinado el amparo solicitado y le reintegre en sus derechos fundamentales vulnerados, anulando en consecuencia las resoluciones contra las que se recurre. Todo ello por ser Justicia que pido en [LOCALIDAD] a [DIA] de [MES] de [AÑO].

Ldo.	Proc.
[NOMBRE_ABOGADO_CLIENTE]	[NOMBRE_PROCURADOR_CLIENTE]

OTROSÍ DIGO: Que al amparo del art. 56 de la Ley Orgánica del Tribunal Constitucional, entendemos procede, con carácter inmediato, a **SUSPENDER LAS RESOLUCIONES DE ORIGEN DEL PRESENTE RECURSO**, ordenando a estos efectos que [DESCRIPCIÓN]. La suspensión solicitada entendemos es imprescindible, por cuanto, de lo contrario, su ejecución haría perder al presente recurso de amparo su finalidad, máxime teniendo en cuenta que [DESCRIPCIÓN].

SUPLICO AL TRIBUNAL:

Que se sirva suspender la ejecución de las sentencias recurridas.

Es justicia que reitero en lugar y fecha indicados *ut supra*.

Ldo.	Proc.
[NOMBRE_ABOGADO_CLIENTE]	[NOMBRE_PROCURADOR_CLIENTE]

(1) Entre los derechos que podemos alegar están por ejemplo igualdad ante la ley, educación, libertad religiosa, etc.

(2) Se señala este derecho a título de ejemplo. Es importante recordar que para entender que un recurso de amparo es mixto el derecho que se entiende vulnerado por el acto administrativo y el de la resolución judicial deben ser diferentes.

(3) Para la presentación del recurso de amparo es esencial tener en cuenta el Acuerdo de 15 de marzo, del Pleno del Tribunal Constitucional, por el que se regula la presentación de los recursos de amparo a través de su sede electrónica, publicado en el BOE de 23 de marzo de 2023 y que ha entrado en vigor el 12 de abril de 2023. Derivado de este acuerdo el TC ha elaborado una guía donde se recogen todos los requisitos para presentar el recurso de amparo.

Escrito de personación de la parte demandada en recurso de amparo

A LA SALA PRIMERA (o SEGUNDA) DEL TRIBUNAL CONSTITUCIONAL

Don/Doña [NOMBRE_PROCURADOR_CLIENTE], procurador/a de los tribunales, colegiado/a n.º [NÚMERO_COLEGIADO_PROCURADOR_CLIENTE] del Iltre. Colegio de [LUGAR], en nombre y representación procesal de **don/doña** [NOMBRE_CLIENTE] según acredito con poder para pleitos, autorizado por notario que adjunto y cuya devolución intereso por necesitarlo para otros fines con la dirección técnica del/la abogado/a **don/doña** [NOMBRE_ABOGADO_CLIENTE], colegiado/a núm. [NÚMERO_COLEGIADO_ABOGADO_CLIENTE] del Iltre. Colegio de [LUGAR], ante el Tribunal Constitucional comparezco y, como mejor proceda en Derecho,

DIGO

PRIMERO.- Tengo acreditada la representación procesal en autos de juicio [JUICIO_NÚMERO], sobre [DESCRIPCIÓN], seguidos, a instancias de don/doña [NOMBRE_PARTE_CONTRARIA] contra mi mandante, ante el [ESPECIFICAR].

SEGUNDO.- Mi mandante fue emplazado el pasado [FECHA] por este órgano judicial a fin de que pudiese comparecer como parte en el recurso de amparo número [NÚMERO], interpuesto por don/doña [NOMBRE_PARTE_CONTRARIA].

TERCERO.- Siguiendo lo establecido en el artículo 51.2 de la Ley Orgánica 2/1979, de 3 de octubre, del Tribunal Constitucional, por medio del presente escrito, comparezco en el referido recurso, en representación de don/doña [NOMBRE_CLIENTE], desde la posición procesal de demandado, rogando se entiendan conmigo las sucesivas actuaciones que interesen al derecho.

CUARTO.- Que el presente escrito se presenta dentro del plazo legal establecido para que esta parte pueda comparecer en el proceso constitucional, conforme a lo dispuesto el citado art. 51.2 de la LOTC.

Por todo lo expuesto,

SUPLICO A LA SALA que, teniendo por presentado este escrito, junto con la documentación y copias que al mismo se adjuntan, se sirva admitirlo, teniéndome por personado y parte, en representación de don/doña [NOMBRE_CLIENTE], en el recurso de amparo número [NÚMERO], promovido a instancias de don/doña [NOMBRE_PARTE_CONTRARIA] contra la resolución de [FECHA], con número [NÚMERO], y disponer se entiendan conmigo las sucesivas actuaciones.

En [PROVINCIA], a [FECHA]

Ldo.	Proc.
[NOMBRE_ABOGADO_CLIENTE]	[NOMBRE_PROCURADOR_CLIENTE]

Recurso de amparo ante el Tribunal Constitucional proveniente del orden social

AL TRIBUNAL CONSTITUCIONAL

Don/doña [NOMBRE_PROCURADOR_CLIENTE], procurador/a de los tribunales y de **don/doña** [NOMBRE_CLIENTE], según acredito mediante poder que acompaño como documento n.º [NÚMERO], bajo la dirección letrada de **don/doña** [NOMBRE_ABOGADO_CLIENTE], colegiado/a número [NÚMERO] por el ICA de [LUGAR] ante este Tribunal comparezco y, como mejor proceda en derecho,

DIGO

Que con base en lo dispuesto en el artículo 44.1 de la LOTC por mediación de este escrito interpongo en nombre de mi mandante **RECURSO DE AMPARO CONSTITUCIONAL** contra la resolución [DESCRIPCIÓN] de [FECHA] dictada por [DESCRIPCIÓN], por la que se [DESCRIPCIÓN], por violación del derecho fundamental derecho/libertad [ESPECIFICAR], reconocido en el artículo [NÚMERO] de la Constitución Española.

Y ello con base en los antecedentes fácticos y fundamentación siguientes:

ANTECEDENTES DE HECHO

PRIMERO.- El Juzgado de [DESCRIPCIÓN] con fecha [FECHA] dictó resolución [DESCRIPCIÓN], la cual se aporta como documento n.º [NÚMERO], por la que [ESPECIFICAR].

SEGUNDO.- Entendiendo que la resolución incumplía normas procesales básicas, entre ellas vulneraciones de derechos constitucionales fundamentales, se procedió a agotar la vía judicial previa mediante la interposición del correspondiente [ESPECIFICAR] conforme se acredita mediante el documento n.º [NÚMERO].

TERCERO.- Por medio de la resolución del [ESPECIFICAR JUZGADO/TRIBUNAL] dictada con fecha [FECHA] por la que se puso fin a la vía judicial, se resolvió [ESPECIFICAR] sin que se haya reparado los derechos fundamentales vulnerados.

A los anteriores hechos, les son de aplicación los siguientes,

FUNDAMENTOS JURÍDICOS

I.- PLAZO PARA LA INTERPOSICIÓN DEL RECURSO DE AMPARO.

El recurso se presenta dentro de los treinta días siguientes a la fecha de la notificación de la Sentencia, según previene el art. 44.2 de la Ley del Tribunal.

Se acompañan como documento n.º [NÚMERO] y n.º [NÚMERO] la resolución que puso fin a la vía judicial y su notificación, respectivamente.

II.- LEGITIMACIÓN

Mi representado se halla legitimado en esta causa por haber sido parte en el proceso judicial anterior (Art. 46.1 b) de la LOTC).

III.- POSTULACIÓN Y DEFENSA

Se ha dado cumplimiento a lo previsto en los artículos 49.2 y 81 de la LOTC, al estar representada esta parte por el/la procurador/a compareciente, y al estar asistida por el letrado arriba mencionado, tal y como consta suficientemente acreditado.

IV.- COMPETENCIA

Es competente el Tribunal al que me dirijo, de conformidad con lo dispuesto en el art. 2 y en el art. 48 de la LOTC, con relación a lo dispuesto en los artículos 53.2 y 161.1 b) de la propia CE.

V.- DERECHOS FUNDAMENTALES VULNERADOS

El derecho que se entiende violado es de los protegidos por este recurso de amparo constitucional, según lo dispuesto en el artículo 53.2 de la CE y en el artículo 41.1 de la LOTC, pues está recogido en el artículo [ESPECIFICAR] de la CE.

Este/estos derecho/s fueron invocados tan pronto hubo ocasión para ello, como se deducen del propio tenor de la resolución número [NÚMERO], dictada por el [JUZGADO], por lo que se cumple con el requisito legal deducido por la jurisprudencia de este Tribunal.

VI.- OBJETO DE LA PRESENTE SOLICITUD DE AMPARO CONSTITUCIONAL

De conformidad con lo establecido en el artículo 41.3 de la LOTC, el objeto de la presente solicitud de amparo constitucional es la de restablecer y preservar los derechos y libertades fundamentales, por razón de las cuales se formula el presente recurso.

VII.- AGOTAMIENTO DE LA VÍA JUDICIAL ORDINARIA PREVIA

Se aprecia una vulneración constitucional en un acto precedente de un órgano judicial, y acreditamos:

a) Que se han agotado los recursos utilizables en la vía judicial (art 44.1 a) de la LOTC).

b) Que hemos puesto de manifiesto insistentemente en nuestro recurso de apelación que el derecho constitucional violado ha sido el protegido por el artículo 24 de la CE, (art. 44.1 a) de la LOTC).

VIII.- PROCEDIMIENTO

El presente recurso se tramitará conforme a lo dispuesto en los arts. 48 a 52 de la citada Ley Orgánica 2/1979, de 3 de octubre, del Tribunal Constitucional y, por especificación del artículo 80, LOTC, se aplicarán, con carácter supletorio, los preceptos de la Ley Orgánica del Poder Judicial y de la Ley de Enjuiciamiento Civil, en materia de comparecencia en juicio, recusación y abstención, publicidad y forma de los actos, comunicaciones y actos de auxilio jurisdiccional, día y horas hábiles, cómputo de plazos, deliberación y votación, caducidad, renuncia y desistimiento, lengua oficial y policía de estrados.

IX.- FONDO (1)

1. VULNERACIÓN DEL DERECHO AL HONOR DEL ART. 18.1 DE LA CE.

STC 151/2004, de 22 de septiembre, ECLI:ES:TC:2004:151

«Por otra parte, aunque no pongan especial acento en ello las alegaciones de la Universidad, la expresión "soberbia" vinculada a la gestión del conflicto y del proyecto empresarial podría conectarse también con la idea de prestigio profesional, y a su través con el art. 18.1 CE (STC 282/2000, de 27 de noviembre). No cabe duda de que en la actualidad la actividad laboral o profesional posee una faceta externa, de relación social que, en cuanto tal, repercute en la imagen que de esa persona tengan los demás. Pero, por eso mismo, también la hace susceptible de ser sometida a la crítica y evaluación ajenas, únicas formas, en ocasiones, de calibrar la valía de esa actividad, sin que tal cosa suponga el enjuiciamiento de la persona que la desempeña y, en consecuencia, de su honorabilidad. En suma, la **protección del art. 18.1 CE** sólo alcanzaría a aquellas **críticas que, pese a estar formalmente dirigidas a la actividad profesional de un individuo, constituyen en el fondo una descalificación personal, al repercutir directamente en su consideración y dignidad individuales, poseyendo un especial relieve aquellas infamias que pongan en duda o menosprecien su probidad o su ética en el desempeño de aquella actividad**; lo que, obviamente, dependerá de las circunstancias del caso, de quién, cómo, cuándo y de qué forma se ha cuestionado la valía profesional del ofendido (entre otras, SSTC 180/1999, de 11 de octubre; 282/2000, de 27 de noviembre; y 14/2003, de 28 de enero)».

2. VULNERACIÓN DEL DERECHO A LA IGUALDAD —DISCRIMINACIÓN POR RAZÓN SEXO— (ART. 14 DE LA CE)

STC n.° 161/2004, de 4 de octubre, ECLI:ES:TC:2004:161

«La virtualidad del art. 14 CE no se agota, sin embargo, en la cláusula general de igualdad con la que se inicia su contenido, sino que a continuación el precepto constitucional se refiere a la prohibición de una serie de motivos o razones concretos de discriminación. Esta referencia expresa a tales motivos o razones no implica el establecimiento de una lista cerrada de supuestos de discriminación (STC 75/1983, de 3 de agosto, FJ 6), pero sí representa una explícita interdicción de determinadas diferencias históricamente muy arraigadas y que han situado, tanto por la acción de los poderes públicos como por la práctica social, a sectores de la población en posiciones, no sólo desventajosas, sino contrarias a la dignidad de la persona que reconoce el art. 10.1 CE (SSTC 128/1987, de 16 de julio, FJ 5; 166/1988, de 26 de septiembre, FJ 2; 145/1991, de 1 de julio, FJ 2; 17/2003, de 30 de enero, FJ 3). En este sentido, este Tribunal ha venido declarando la **ilegitimidad constitucional de los tratamientos diferenciados respecto de los que operan como factores determinantes o no aparecen fundados más que en los concretos motivos o razones de discriminación que dicho precepto prohíbe,** al tratarse de características expresamente excluidas como causas de discriminación por el art. 14 CE, como por ejemplo, la discriminación por razón de sexo (entre otras, SSTC 128/1987, de 16 de julio, FJ 6; 207/1987, de 22 de diciembre, FJ 2; 145/1991, de 1 de julio, FJ 3; 147/1995, de 16 de octubre, FJ 2; 126/1997, de 3 de julio, FJ 8).

(...)

Centrándonos ya en la **discriminación por razón de sexo,** que es, precisamente, la que se aduce en la demanda de amparo, conviene recordar que su exclusión tiene su razón de ser en la voluntad de terminar con la histórica situación de inferioridad, en la vida social y jurídica, de la mujer (STC 166/1988, de 26 de septiembre). Por tanto, en contraste con el principio genérico de igualdad que, como hemos dicho anteriormente, no postula ni como fin ni como medio la paridad y sólo exige la razonabilidad de la diferencia de trato, la prohibición de discriminación entre los sexos **impone como fin y generalmente como medio la parificación, de modo que la distinción entre los sexos sólo puede ser utilizada excepcionalmente como criterio de diferenciación jurídica de trato entre los varones y las mujeres, resultando un principio también vigente en materia de empleo** (por todas, SSTC 229/1992, de 14 de diciembre, FJ 2; y 17/2003, de 30 de enero, FJ 3). Igualmente, se ha de tener presente que la conducta discriminatoria se cualifica en este caso por el resultado peyorativo para la mujer que la sufre, que ve limitados sus derechos o sus legítimas expectativas por la concurrencia en ella de un factor cuya virtualidad justificativa ha sido expresamente descartada por la Constitución, dado su carácter atentatorio a la dignidad del ser humano (art. 10.1 CE)».

3. VULNERACIÓN DEL DERECHO AL HONOR Y A LA INTIMIDAD —LIBERTAD INFORMÁTICA— (ART. 18 DE LA CE)

STC n.° 23/2022, de 21 de febrero, ECLI:ES:TC:2022:23

«En relación con la naturaleza y alcance del derecho a la protección de datos personales, y tal y como recuerda la STC 292/2000, FJ 5, la doctrina constitucional ha definido el derecho a la protección de datos como un instituto de garantía de los derechos a la intimidad y al honor y del pleno disfrute de los restantes derechos de los ciudadanos que, además, es en sí mismo "un derecho o libertad fundamental, el derecho a la libertad frente a las potenciales agresiones a la dignidad y a la libertad de la persona provenientes de un uso ilegítimo del tratamiento mecanizado de datos, lo que la Constitución llama 'la informática', lo que se ha dado en llamar 'libertad informática' (STC 254/1992, FJ 6, reiterado luego en las SSTC 143/1994, FJ 7; 11/1998, FJ 4; 94/1998, FJ 6; 202/1999, FJ 2)". Y precisa que la llamada "libertad informática" "es así el derecho a controlar el uso de los mismos datos insertos en un programa informático (habeas data) y comprende, entre otros aspectos, la oposición del ciudadano a que determinados datos personales sean utilizados para fines distintos de aquel legítimo que justificó su obtención". O, en los términos formulados previamente en la STC 290/2000, de 30 de noviembre, FJ 7, está configurado por "un conjunto de derechos que el ciudadano puede ejercer frente a quienes sean titulares, públicos o privados, de ficheros de datos personales".

El contenido de este derecho, sintetizado más recientemente en la STC 76/2019, FJ 5, "consiste en un poder de disposición y de control sobre los datos personales que faculta a la persona para decidir cuáles de esos datos proporcionar a un tercero, sea el Estado o un particular, o cuáles puede este tercero recabar, y que también permite al individuo saber quién posee esos datos personales y para qué, pudiendo oponerse a esa posesión o uso"; estos poderes de disposición y control sobre los datos personales, que constituyen parte del contenido del derecho fundamental a la protección de datos, "se concretan jurídicamente en la facultad de consentir la recogida, la obtención y el acceso a los datos personales, su posterior almacenamiento y tratamiento, así como su uso o usos posibles, por un tercero, sea el Estado o un particular". A su vez, "ese derecho a consentir el conocimiento y el tratamiento, informático o no, de los datos personales, requiere como complementos indispensables, por un lado, la facultad de saber en todo momento quién dispone de esos datos personales y a qué uso los está sometiendo, y, por otro lado, el poder oponerse a esa posesión y usos", "exigiendo del titular del fichero que le informe de qué datos posee sobre su persona, accediendo a sus oportunos registros y asientos, y qué destino han tenido, lo que alcanza también a posibles cesionarios; y, en su caso, requerirle para que los rectifique o los cancele" (STC 292/2000, FJ 7)».

4.- DERECHO A LA INTIMIDAD PERSONAL (ART 18.1 DE LA CE) Y A LA IGUALDAD (ART. 14 DE LA CE) —ACOSO SEXUAL—

STC n.º 224/1999, de 13 de diciembre, ECLI:ES:TC:1999:224

«La cuestión así planteada ante este Tribunal estriba en determinar si una trabajadora, como consecuencia de la conducta libidinosa del empresario, ha visto vulnerados sus derechos fundamentales y concretamente el que le garantiza la intimidad personal en el art. 18.1 C.E., pues en éste se inscribe el derecho a la protección del trabajador contra el conocido también como "acoso sexual" en el ámbito laboral por cuanto se trata de un atentado a una parcela tan reservada de una esfera personalísima como es la sexualidad, en desdoro de la dignidad humana (art. 10.1 C.E.), sin olvidar tampoco la conexión que en ocasiones pueda trabarse con el derecho de la mujer a no ser discriminada por razón de su sexo cuando tales comportamientos agresivos, contrarios a los valores constitucionales, puedan afectar todavía en el día de hoy, más a las mujeres que a los hombres (art. 14 C.E.). Es cierto que aquella norma constitucional no se ha invocado en ningún momento por su número ni por su nombre, pero no lo es menos que los hechos determinantes y el agravio que constituyen son suficientemente significativos por sí mismos y permiten, sin esfuerzo, identificar el derecho fundamental agredido con el soporte de la dignidad humana que se adujo siempre como raíz de la reacción judicial de la víctima. Esto ha de ser suficiente para nosotros y en tal sentido nos hemos pronunciado tantas veces que hace superflua la cita de los precedentes».

X.- TRASCENDENCIA CONSTITUCIONAL

Sobre la trascendencia constitucional del recurso, de conformidad con el artículo 49.1 de la LOTC: *«El recurso de amparo constitucional se iniciará mediante demanda en la que se expondrán con claridad y concisión los hechos que la fundamenten, se citarán los preceptos constitucionales que se estimen infringidos y se fijará con precisión el amparo que se solicita para preservar o restablecer el derecho o libertad que se considere vulnerado. En todo caso, la demanda justificará la especial trascendencia constitucional del recurso».*

Concurre en este caso la especial transcendencia constitucional por los siguientes motivos: [DESARROLLAR].

En este punto resulta relevante la **STC n.º 155/2009, de 25 de junio, ECLI:ES:TC:2009:155** que establece:

> «Aunque el recurrente ha de satisfacer necesariamente, de acuerdo con lo dispuesto en el art. 49.1 in fine LOTC, la carga de justificar en la demanda la especial trascendencia constitucional del recurso (AATC 188/2008, de 21 de julio; 289/2008 y 290/2008, de 22 de septiembre), es a este Tribunal a quien corresponde apreciar en cada caso la existencia o inexistencia de esa "especial trascendencia constitucional"; esto es, cuándo, según el tenor del art. 50.1 b) LOTC, "el contenido del recurso justifique una decisión de fondo por parte del Tribunal Constitucional en razón de su especial trascendencia constitucional", atendiendo para ello a los tres criterios que en el precepto se enuncian: "a su importancia para la interpretación de la Constitución, para su aplicación o para su general eficacia y para la determinación del contenido y alcance de los derechos fundamentales". El carácter notablemente abierto e indeterminado, tanto de la noción de "especial trascendencia constitucional", como de los criterios legalmente establecidos para su apreciación, confieren a este Tribunal un amplio margen decisorio para estimar cuándo el contenido de un recurso de amparo "justifi[ca] una decisión sobre el fondo ... en razón de su especial trascendencia constitucional". Como es obvio, la decisión liminar de admisión a trámite del recurso al apreciar el cumplimiento del citado requisito no limita las facultades del Tribunal sobre la decisión final en relación con el fondo del asunto».

XI.- INTERVENCIÓN DEL MINISTERIO FISCAL

De conformidad con lo establecido en el artículo 47.2 de la LOTC, es preceptiva la intervención del Ministerio Fiscal.

XII.- CUMPLIMIENTO DE LOS REQUISITOS ESTABLECIDOS EN EL MODO DE PROPONER LA DEMANDA

Se ha dado cumplimiento a lo dispuesto en el artículo 49.1 y 85.1 de la LOTC, al exponerse con la debida claridad los hechos, así como su fundamento jurídico, señalando el derecho violado y concretando claramente cuál es la pretensión formulada en este recurso. Acompañamos los documentos requeridos, en cumplimiento de lo previsto en el artículo 49.2 b) y 3 de la LOTC, así como tantas copias de la demanda y de los referidos documentos, como partes hay en este procedimiento (2).

Por todo lo cual,

SUPLICO AL TRIBUNAL:

Que teniendo por presentado este escrito, con los documentos que se acompañan y sus copias, se sirva admitirlos y, en su virtud, tener por formulado **RECURSO DE AMPARO** en nombre de mi representado don/doña [NOMBRE_CLIENTE], contra la resolución [ESPECIFICAR] y, previos los trámites pertinentes, dictar en su día sentencia por la que estimando el presente recurso, otorgue a mi patrocinado el amparo solicitado y le reintegre en sus derechos fundamentales vulnerados, anulando en consecuencia las resoluciones contra las que se recurre.

Por ser justicia que pido en [LUGAR] a [FECHA]

Ldo. Proc.

[NOMBRE_ABOGADO_CLIENTE] [NOMBRE_PROCURADOR_CLIENTE]

PRIMER OTROSÍ DIGO: Que con el fin de evitar daños y perjuicios de imposible o difícil reparación solicito la **SUSPENSIÓN CAUTELAR DE LA EJECUCIÓN DE SENTENCIA** en cuanto se resuelve el recurso de amparo solicitado.

Entendiendo que la ejecución inmediata de la condena impuesta es en este momento susceptible de causar perjuicios de imposible reparación, habida cuenta que actualmente se encuentra en trámite el presente Recurso de amparo, debe suspenderse la ejecución inmediata de la condena hasta que por parte de este Tribunal se decida la cuestión, y todo ello a fin de no hacer plenamente ineficaz la resolución que en tal recurso pueda dictarse, caso de otorgarse el amparo.

SUPLICO AL JUZGADO:

Que tenga por efectuada la anterior manifestación y decrete la suspensión cautelar de la ejecución de la sentencia recurrida, con todo lo demás que sea procedente en derecho.

SEGUNDO OTROSÍ DIGO: Que siendo intención de esta parte cumplir con todos los requisitos legales, en virtud de lo expuesto en el artículo 49.4 de la LOTC, interesamos se nos conceda plazo para subsanar la presente en caso de que por parte del Tribunal se entienda que se ha incumplido alguno de las formalidades establecidas para la interposición del presente recurso.

SUPLICO AL TRIBUNAL:

Que tenga por efectuada la anterior manifestación a los efectos oportunos

Por ser justicia que pido en lugar y fecha *ut supra*

Ldo. Proc.

[NOMBRE_ABOGADO_CLIENTE] [NOMBRE_PROCURADOR_CLIENTE]

---

(1) En este apartado debe especificarse el derecho que se entiende vulnerado con su fundamentación jurídica y siendo posible apoyo jurisprudencial, pudiendo alegar uno o varios derechos o libertades, debiendo dedicar un apartado a cada uno de ellos. En el formulario se incluyen algunos ejemplos de los derechos que pueden ser alegados con sentencias del TC que amparan su protección en el orden social.

(2) Para la presentación del recurso de amparo es esencial tener en cuenta el Acuerdo de 15 de marzo, del Pleno del Tribunal Constitucional, por el que se regula la presentación de los

recursos de amparo a través de su sede electrónica, publicado en el BOE de 23 de marzo de 2023 y que ha entrado en vigor el 12 de abril de 2023. Derivado de este acuerdo el TC ha elaborado una guía donde se recogen todos los requisitos para presentar el recurso de amparo.

Escrito de oposición a recurso de amparo

Procedimiento: Recurso de Amparo

Número: [NÚMERO]/[AÑO]

AL TRIBUNAL CONSTITUCIONAL

Don/Doña [NOMBRE_PROCURADOR _CLIENTE], procurador/a de los tribunales, en nombre y representación de **don/doña** [NOMBRE_CLIENTE], en virtud de poder notarial el cual se acompaña como **doc. n.º** [NÚMERO], ante este Tribunal comparezco y, bajo la dirección letrada de **don/doña** [NOMBRE_ABOGADO_CLIENTE] colegiado/a número [NÚMERO] por el ICA de [LUGAR], como mejor proceda en derecho,

DIGO

Que, en virtud del artículo 52 y concordantes de la Ley Orgánica del Tribunal Constitucional (LOTC), mediante la presente, interponemos **OPOSICIÓN AL RECURSO DE AMPARO** interpuesto por [NOMBRE], y ello, en atención a las siguientes

ALEGACIONES

PRIMERO.- Ambas partes han formado parte del proceso del que dimana el presente recurso, tal y como se ha hecho constar en el mismo recurso, de fecha [FECHA], siendo conforme la legitimación y capacidad alegadas de adverso.

SEGUNDO.- El recurso raíz proviene de la resolución [DESCRIPCIÓN], dictada por [DESCRIPCIÓN] en el procedimiento [DESCRIPCIÓN].

TERCERO.- Se demanda en amparo ante la supuesta vulneración del derecho [DESCRIPCIÓN], del artículo [NÚMERO] de la Constitución Española.

CUARTO.- Entiende esta parte que el recurso no puede ser admitido ni, en su caso, estimado, dado que ninguna vulneración de las alegadas se ha producido.

Ello es así en tanto en cuanto [DESCRIPCIÓN], máxime teniendo en consideración las más recientes sentencias del propio Tribunal Constitucional en el que no atendían los extremos indicados de adverso (1).

QUINTO.- Estas alegaciones se formulan dentro del plazo de 20 días que establece el artículo 52.1 de la LOTC.

SEXTO.- En virtud de lo dispuesto en el artículo 95.2 de la LOTC, esta parte solicita la condena en costas del contrario, por entender que el recurso de amparo fue presentado con temeridad y mala fe.

Por todo lo expuesto,

SUPLICO AL TRIBUNAL, que teniendo por presentado este escrito con sus copias y documentos adjuntos, los admita, les de la tramitación legal oportuna y, tenga por presentadas las presentes ALEGACIONES AL RECURSO DE AMPARO, y tras los trámites de rigor dicte resolución por la que inadmita o subsidiariamente desestime el recurso de amparo formulado de adverso.

Por ser justicia que pido en [CIUDAD] a [DÍA] de [MES] de [AÑO]

Ldo.	Proc.
[NOMBRE_ABOGADO_CLIENTE]	[NOMBRE_PROCURADOR_CLIENTE]
[NÚMERO_COLEGIADO_ ABOGADO_CLIENTE]	[NÚMERO_COLEGIADO_ PROCURADOR_CLIENTE]

OTROSÍ DIGO: Siendo intención de esta parte cumplir con todos los requisitos legales, a tenor de lo previsto en el artículo 231 de la Ley de Enjuiciamiento Civil, se solicita se le diere traslado de cualquier defecto que adoleciere el presente escrito, para la inmediata subsanación del mismo.

SUPLICO AL JUZGADO que tenga por efectuada la anterior manifestación a los efectos oportunos.

Por ser de justicia, fecha y lugar *ut supra,*

Ldo.	Proc.
[NOMBRE_ABOGADO_CLIENTE]	[NOMBRE_PROCURADOR_CLIENTE]
[NÚMERO_COLEGIADO_ ABOGADO_CLIENTE]	[NÚMERO_COLEGIADO_ PROCURADOR_CLIENTE]

(1) Añadir jurisprudencia constitucional.

Recurso de amparo ante Tribunal Constitucional (frente a actos u omisiones judiciales del juez de vigilancia penitenciaria)

AL TRIBUNAL CONSTITUCIONAL

Don/Doña [NOMBRE_PROCURADOR_CLIENTE], procurador/a de los tribunales y de **don/doña** [NOMBRE_CLIENTE], según acredito mediante poder que acompaño como documento n.º [NÚMERO], bajo la dirección letrada de **don/doña** [NOMBRE_ABOGADO_CLIENTE], colegiado/a número [NÚMERO] del ICA de [LUGAR], ante este tribunal comparezco y, como mejor proceda en derecho,

DIGO

Que en nombre de mi representado interpongo **RECURSO DE AMPARO CONSTITUCIONAL** conforme al art. 53.2 de la Constitución Española y el art. 44 de la Ley Orgánica 2/1979, de 3 de octubre del Tribunal Constitucional, por entender que el auto n.º [AUTO_NÚMERO] de fecha [FECHA] de la Sala de lo Penal de la Audiencia Nacional, recaído en recurso de apelación n.º (rec. [NÚMERO]/ [NÚMERO]) notificada a esta parte el día [FECHA], y su antecedente, el auto n.º [AUTO_NÚMERO] dictado por el Juzgado Central de Vigilancia Penitenciaria de fecha [FECHA] en expediente n.º (expediente n.º [NÚMERO]/ [NÚMERO]), han vulnerado los derechos fundamentales de mi representado a [DESCRIPCIÓN] y a [DESCRIPCIÓN] (arts. [NÚM_ARTÍCULO] y [NÚM_ARTÍCULO] de la Constitución Española).

ANTECEDENTES

PRIMERO.- Con fecha [FECHA], el Juzgado Central de Vigilancia Penitenciaria dictó auto n.º [AUTO_NÚMERO], que rechaza la queja/petición interpuesta por el interno.

Se acompaña como copia del referido auto, así como del previo escrito de queja/petición como documentos n.º [NÚMERO] y [NÚMERO].

SEGUNDO.- Notificado dicho auto, en fecha [FECHA] se interpuso contra el mismo recurso de apelación.

Se acompaña copia del escrito de interposición del recurso como documento n.º [NÚMERO].

TERCERO.- En fecha [FECHA], la Sala de lo Penal de la Audiencia Nacional, dictó auto n.º [AUTO_NÚMERO], por el que desestimó el recurso de apelación.

Se acompaña el antedicho auto como documento n.º [NÚMERO].

FUNDAMENTOS JURÍDICOS

PRIMERO.- Interponemos el presente recurso de amparo de conformidad con lo dispuesto en el art. 161.1 b) de la Constitución Española y el art. 41 de la Ley Orgánica 2/1979, de 3 de octubre, del Tribunal Constitucional, en tanto el derecho lesionado en este recurso es de los comprendidos en los arts. 14 a 29 de la Constitución.

SEGUNDO.- De conformidad con lo dispuesto en el art. 46.1 b) de la Ley Orgánica del Tribunal Constitucional, está legitimado para interponer el presente recurso de amparo mi representado, don/doña [NOMBRE_CLIENTE], al ser parte en el proceso judicial correspondiente.

TERCERO.- La violación de los derechos y libertades de mi mandante es imputable a los autos del Juzgado Central de Vigilancia Penitenciaria y de la Sala de lo Penal de la Audiencia Nacional, por las que [DESCRIPCIÓN].

CUARTO.- Ha sido agotada la vía judicial previa, al no caber recurso ordinario alguno contra auto n.° [AUTO_NÚMERO] de fecha [FECHA], por el que la Sala de lo Penal de la Audiencia Nacional desestima el recurso de apelación (1).

QUINTO.- En su momento, se invocó formalmente el derecho constitucional vulnerado, tan pronto como, una vez conocida la violación, hubo lugar para ello, cumpliéndose la exigencia de art. 44.1.c) de la Ley Orgánica del Tribunal Constitucional.

Respecto a la posible vulneración del derecho a [DESCRIPCIÓN] y a [DESCRIPCIÓN] fue puesta de manifiesto precisamente a través de [DESCRIPCIÓN].

SEXTO.- De conformidad con lo establecido en el artículo 47.2 de la LOTC, es preceptiva la intervención del Ministerio Fiscal.

SÉPTIMO.- Se ha dado cumplimiento a lo dispuesto en el artículo 49.1 y 85.1 de la LOTC, al exponerse con la debida claridad los hechos, así como su fundamento jurídico, señalando el derecho violado y concretando claramente cuál es la pretensión formulada en este recurso. Acompañamos los documentos requeridos, en cumplimiento de lo previsto en el artículo 49.2 y 3 de la LOTC (2).

MOTIVOS EN LOS QUE SE FUNDAMENTA EL RECURSO DE AMPARO

PRIMER MOTIVO: VULNERACIÓN DEL DERECHO A [DESCRIPCIÓN] (ART. [NÚM_ARTÍCULO] DE LA CONSTITUCIÓN) EN RELACIÓN CON EL DERECHO A [DESCRIPCIÓN] (ART. [NÚM_ARTÍCULO] DE LA CONSTITUCIÓN).

Breve extracto del motivo [DESCRIPCIÓN].

El auto que ahora recurrimos ha vulnerado el derecho de mi mandante a [DESCRIPCIÓN], ya que [DESCRIPCIÓN].

SEGUNDO MOTIVO: VULNERACIÓN DEL DERECHO A [DESCRIPCIÓN] (ART. [NÚM_ARTÍCULO] DE LA CONSTITUCIÓN).

Breve extracto del motivo [DESCRIPCIÓN].

Tanto el Juzgado Central de Vigilancia Penitenciaria, como la Audiencia Nacional han lesionado igualmente el derecho de mi patrocinado a [DESCRIPCIÓN], en su vertiente de [CONCEPTO].

TERCER MOTIVO: TRASCENDENCIA CONSTITUCIONAL

Sobre la trascendencia constitucional del recurso, de conformidad con el artículo 49.1 de la LOTC: *«El recurso de amparo constitucional se iniciará mediante demanda en la que se expondrán con claridad y concisión los hechos que la fundamenten, se citarán los preceptos constitucionales que se estimen infringidos y se fijará con precisión el amparo que se solicita para preservar o restablecer el derecho o libertad que se considere vulnerado. En todo caso, la demanda justificará la especial trascendencia constitucional del recurso».*

Concurre en este caso la especial transcendencia constitucional por los siguientes motivos: [DESARROLLAR].

En este punto resulta relevante la **STC n.° 155/2009, de 25 de junio, ECLI:ES:TC:2009:155** que establece:

> «Aunque el recurrente ha de satisfacer necesariamente, de acuerdo con lo dispuesto en el art. 49.1 in fine LOTC, la carga de justificar en la demanda la especial trascendencia constitucional del recurso (AATC 188/2008, de 21 de julio; 289/2008 y 290/2008, de 22 de septiembre), es a este Tribunal a quien corresponde apreciar en cada caso la existencia o inexistencia de esa "especial trascendencia constitucional"; esto es, cuándo, según el tenor del art. 50.1 b)

LOTC, "el contenido del recurso justifique una decisión de fondo por parte del Tribunal Constitucional en razón de su especial trascendencia constitucional", atendiendo para ello a los tres criterios que en el precepto se enuncian: "a su importancia para la interpretación de la Constitución, para su aplicación o para su general eficacia y para la determinación del contenido y alcance de los derechos fundamentales". El carácter notablemente abierto e indeterminado, tanto de la noción de "especial trascendencia constitucional", como de los criterios legalmente establecidos para su apreciación, confieren a este Tribunal un amplio margen decisorio para estimar cuándo el contenido de un recurso de amparo "justifi[ca] una decisión sobre el fondo ... en razón de su especial trascendencia constitucional". Como es obvio, la decisión liminar de admisión a trámite del recurso al apreciar el cumplimiento del citado requisito no limita las facultades del Tribunal sobre la decisión final en relación con el fondo del asunto».

Por todo lo expuesto,

SUPLICO AL TRIBUNAL:

Que teniendo por presentado este escrito, con los documentos que se acompañan y sus copias, se sirva admitirlos y, en su virtud, tener por formulado **RECURSO DE AMPARO CONSTITUCIONAL** en nombre de mi patrocinado, don/doña [NOMBRE_CLIENTE], contra el auto dictado por la Sala de lo Penal de la Audiencia Nacional el pasado [FECHA], así como contra el dictado en fecha [FECHA] por el Juzgado Central de Vigilancia Penitenciaria y, previos los trámites pertinentes, dictar en su día sentencia por la que estimando el presente recurso, otorgue a mi patrocinado el amparo solicitado y le reintegre en sus derechos fundamentales vulnerados, anulando en consecuencia las resoluciones contra las que se recurre.

Todo ello por ser justicia que pido en [LOCALIDAD] a [DÍA] de [MES] de [AÑO].

Ldo.	Proc.
[NOMBRE_ABOGADO_CLIENTE]	[NOMBRE_PROCURADOR_CLIENTE]

OTROSÍ DIGO: Al amparo del art. 56 de la Ley Orgánica del Tribunal Constitucional, entendemos procede, con carácter inmediato, a **SUSPENDER LAS RESOLUCIONES DE ORIGEN DEL PRESENTE RECURSO**, ordenando a estos efectos que [DESCRIPCIÓN].

La suspensión solicitada entendemos es imprescindible, por cuanto, de lo contrario, la ejecución de las resoluciones impugnadas produciría a mi mandante un perjuicio que haría perder al presente recurso de amparo su finalidad, máxime teniendo en cuenta que [DESCRIPCIÓN].

SUPLICO AL TRIBUNAL:

Que se sirva suspender la ejecución de las sentencias recurridas.

Es justicia que reitero en lugar y fecha *ut supra*.

Ldo.	Proc.
[NOMBRE_ABOGADO_CLIENTE]	[NOMBRE_PROCURADOR_CLIENTE]

(1) En este sentido, la sentencia del Tribunal Constitucional n.° 221/2012, de 26 de noviembre, ECLI:ES:TC:2012:221 dispone lo siguiente: *«La exigibilidad de la interposición del recurso de casación para la unificación de doctrina como requisito para el agotamiento de la vía judicial*

previa, ha sido examinada por la doctrina de este Tribunal (por todas, SSTC 183/2007, de 10 de septiembre, FJ 2; y 2/2009, de 12 de enero, FJ 2) que ha subrayado como la especial naturaleza de dicho recurso, condicionado legalmente a la concurrencia de rígidos requisitos de admisión sobre identidad y contradicción, determina que su interposición no resulte siempre preceptiva para dar por agotada la vía judicial, siendo únicamente exigible, a los efectos de la subsidiariedad del amparo, cuando no quepa duda respecto de su procedencia. Y es igualmente cierto, conforme a esa misma doctrina, que corresponde a quien pretende hacer valer su no interposición como motivo de inadmisibilidad acreditar la posibilidad de recurrir a esta extraordinaria vía en el supuesto concreto (así, en SSTC 153/2004, de 20 de septiembre, FJ 2; 192/2006, de 19 de junio, FJ 2; 227/2006, de 17 de julio, FJ 2; y 17/2007, de 12 de febrero, FJ 2)».

(2) Para la presentación del recurso de amparo es esencial tener en cuenta el Acuerdo de 15 de marzo, del Pleno del Tribunal Constitucional, por el que se regula la presentación de los recursos de amparo a través de su sede electrónica, publicado en el BOE de 23 de marzo de 2023 y que ha entrado en vigor el 12 de abril de 2023. Derivado de este acuerdo el TC ha elaborado una guía donde se recogen todos los requisitos para presentar el recurso de amparo.

Escrito de interposición de recurso contencioso-administrativo por lesión de derechos fundamentales

AL [ÓRGANO] (1)

Don/Doña [NOMBRE_PROCURADOR_CLIENTE], procurador de los tribunales, actuando en nombre y representación de don/doña [NOMBRE_CLIENTE], según copia de escritura de poder que debidamente bastanteada acompaño como documento n.º [NÚMERO] (2), bajo la dirección técnica de **don/doña** [NOMBRE_ABOGADO_CLIENTE] (3), comparezco y como mejor proceda en Derecho,

DIGO

Que mediante el presente escrito y dentro del plazo de 10 días (4) previsto en el art. 115 LJCA, interpongo **RECURSO CONTENCIOSO ADMINISTRATIVO** a tramitar por el procedimiento especial de **PROTECCION DE LOS DERECHOS FUNDAMENTALES DE LA PERSONA**, contra la resolución (5) de [ÓRGANO], de fecha [FECHA], por la que [DESCRIPCIÓN], y que me fue notificada el día [FECHA].

Todo ello con base en las siguientes,

ALEGACIONES

PRIMERA.- La referida actuación de la Administración, vulnera los siguientes derechos fundamentales de mi representado (6):

- [ESPECIFICAR]
- [ESPECIFICAR]
- [ESPECIFICAR]

Y ello es así, por cuanto [DESCRIPCIÓN].

SEGUNDA.- De conformidad con lo que dispone el Art. 45.2º de la misma ley (LJCA), se adjuntan al presente escrito (7):

a) Escritura de apoderamiento como documento n.º [NÚMERO].

b) Copia del acto administrativo recurrido como documento n.º [NÚMERO].

En virtud de lo expuesto,

SUPLICO AL JUZGADO:

Que tenga por presentado este escrito con los documentos que lo acompañan, me tenga por comparecido y parte en representación de don/doña [NOMBRE_CLIENTE], y por interpuesto recurso contencioso-administrativo contra el acto administrativo antes mencionado, reclame el expediente y tras la tramitación pertinente, se me ponga el mismo de manifiesto al objeto de formalizar la demanda.

En [LOCALIDAD], a [DÍA] de [MES] de [AÑO].

Ldo.	Proc.
[NOMBRE_ABOGADO_CLIENTE]	[NOMBRE_PROCURADOR_CLIENTE]

---

(1) Vendrá determinado en función de las normas de competencia establecidas en los artículos 8 a 12 de la Ley 29/1998, de 13 de julio, reguladora de la Jurisdicción Contencioso-Administrativa.

(2) En su caso, «mediante apoderamiento *apud acta*».

(3) Ante órganos unipersonales, las partes podrán conferir su representación a un procurador y serán asistidas, en todo caso, por abogado; ante órganos colegiados, las partes deberán conferir su representación a un procurador y ser asistidas por abogado (art. 23 de la LJCA).

(4) Téngase presente lo dispuesto en el artículo 115.1 de la LJCA: «El plazo para interponer este recurso será de diez días, que se computarán, según los casos, desde el día siguiente al de notificación del acto, publicación de la disposición impugnada, requerimiento para el cese de la vía de hecho, o transcurso del plazo fijado para la resolución, sin más trámites. Cuando la lesión del derecho fundamental tuviera su origen en la inactividad administrativa, o se hubiera interpuesto potestativamente un recurso administrativo, o, tratándose de una actuación en vía de hecho, no se hubiera formulado requerimiento, el plazo de diez días se iniciará transcurridos veinte días desde la reclamación, la presentación del recurso o el inicio de la actuación administrativa en vía de hecho, respectivamente».

(5) En su caso, contra la inactividad administrativa, o contra la vía de hecho.

(6) Recuérdese que el procedimiento de tutela del artículo 53.2 de la CE, del cual el procedimiento de los artículos 114 y siguientes de la LJCA es «respuesta» en el orden contencioso-administrativo, se refiere a los derechos del artículo 14 de la CE y a los recogidos en la Sección primera del Capítulo segundo (del Título II de la CE), esto es, los consagrados en los artículos 15 a 29 del Texto Constitucional, aunque existen ciertas excepciones, por cuanto el derecho a reunión del 21 se protege por el sumarísimo cauce del 122 de la LJCA o la vulneración del 17 (derecho a la libertad) a través del *«habeas corpus»*.

(7) Los documentos referenciados en el formulario se incorporan a título de ejemplo. El art. 45.2 de la LJCA, establece:

«2. A este escrito se acompañará:

a) El documento que acredite la representación del compareciente, salvo si figurase unido a las actuaciones de otro recurso pendiente ante el mismo Juzgado o Tribunal, en cuyo caso podrá solicitarse que se expida certificación para su unión a los autos.

b) El documento o documentos que acrediten la legitimación del actor cuando la ostente por habérsela transmitido otro por herencia o por cualquier otro título.

c) La copia o traslado de la disposición o del acto expreso que se recurran, o indicación del expediente en que haya recaído el acto o el periódico oficial en que la disposición se haya publicado. Si el objeto del recurso fuera la inactividad de la Administración o una vía de hecho, se mencionará el órgano o dependencia al que se atribuya una u otra, en su caso, el expediente en que tuvieran origen, o cualesquiera otros datos que sirvan para identificar suficientemente el objeto del recurso.

d) El documento o documentos que acrediten el cumplimiento de los requisitos exigidos para entablar acciones las personas jurídicas con arreglo a las normas o estatutos que les sean de aplicación, salvo que se hubieran incorporado o insertado en lo pertinente dentro del cuerpo del documento mencionado en la letra a) de este mismo apartado».

Demanda en procedimiento contencioso-administrativo de protección de los derechos fundamentales

N.I.G: [ESPECIFICAR]

Procedimiento: PROTECCIÓN DERECHOS FUNDAMENTALES [NÚMERO]

Sobre: [ESPECIFICAR]

AL [ÓRGANO] **(1)**

Don/Doña [NOMBRE_PROCURADOR_CLIENTE], procurador/a de los tribunales, con n.º de colegiado/a [NÚMERO_COLEGIADO_PROCURADOR_CLIENTE], actuando en nombre y representación de **don/doña** [NOMBRE_CLIENTE], con [NIF_CIF_DNI_CLIENTE], representación que consta acreditada en autos de referencia, bajo la dirección técnica de **don/doña** [NOMBRE_ABOGADO_CLIENTE], abogado/a con n.º de colegiado/a [NÚMERO_COLEGIADO_ABOGADO_CLIENTE] del Iltre. Colegio de Abogados de [LOCALIDAD], comparezco y como mejor proceda en Derecho, (2)

DIGO

Que con fecha [FECHA] se me ha notificado el decreto del letrado de la Administración de Justicia de ese [ÓRGANO], de día [FECHA], referido al procedimiento de protección de los derechos fundamentales de la persona [NÚMERO], por el que se me pone de manifiesto el expediente administrativo a fin de que formalice la demanda en el plazo de 8 días que indica el artículo 118 de la Ley 29/1998, de 13 de julio, reguladora de la Jurisdicción Contencioso-administrativa.

Que dentro del indicado plazo y mediante el presente escrito vengo a formalizar la demanda, que baso en los siguientes,

HECHOS

PRIMERO.- [DESCRIPCIÓN] (3)

SEGUNDO.- [DESCRIPCIÓN]

TERCERO.- [DESCRIPCIÓN]

CUARTO.- [DESCRIPCIÓN]

A los anteriores hechos, son de aplicación los siguientes,

FUNDAMENTOS JURÍDICOS

A) JURÍDICO-PROCESALES

PRIMERO.- JURISDICCIÓN Y COMPETENCIA

El artículo 1.1 de la Ley 29/1998, de 13 de julio, reguladora de la Jurisdicción Contencioso-administrativa indica que los juzgados y tribunales del orden contencioso-administrativo conocerán de las pretensiones que se deduzcan en relación con la actuación de las Administraciones públicas sujetas a Derecho Administrativo. Por su parte, corresponde el conocimiento de la presente pretensión al órgano al que me dirijo por [ESPECIFICAR] (1).

SEGUNDO.- CAPACIDAD PROCESAL Y LEGITIMACIÓN

El artículo 19.1 a) de la Ley 29/1998, de 13 de julio, reguladora de la Jurisdicción Contencioso-administrativa legitima activamente ante esa jurisdicción a las personas que ostenten un interés legítimo y el artículo 21.1 a), también de la Ley 29/1998, de 13 de julio, reguladora de la Jurisdicción Contencioso-administrativa, atribuye legitimación pasiva a la Administración contra la que se dirija el recurso.

TERCERO.- POSTULACIÓN

Por lo que respecta a la postulación, esta parte se encuentra representada por procurador y asistida técnicamente por letrado de conformidad con lo establecido en el art. 23 de la Ley 29/1998, de 13 de julio, reguladora de la Jurisdicción Contencioso-administrativa. (2)

CUARTO.- IMPUGNABILIDAD DEL ACTO RECURRIDO

El acto que se recurre es impugnable en virtud de lo dispuesto en el artículo 114 de la Ley 29/1998, de 13 de julio, reguladora de la Jurisdicción Contencioso-administrativa.

QUINTO.- PROCEDIMIENTO

Si el artículo 53.2 de la Constitución Española señala que «*Cualquier ciudadano podrá recabar la tutela de las libertades y derechos reconocidos en el artículo 14 y la Sección primera del Capítulo segundo ante los Tribunales ordinarios por un procedimiento basado en los principios de preferencia y sumariedad y, en su caso, a través del recurso de amparo ante el Tribunal Constitucional. (...)*», el artículo 114 de la LJCA señala que el procedimiento de amparo judicial de las libertades y derechos, previsto en el artículo 53.2 de la Constitución Española, se regirá, en el orden contencioso-administrativo, por lo dispuesto en el capítulo I, del título V, y, en lo no previsto en él, por las normas generales de la mentada LJCA. En consecuencia, el procedimiento a seguir será el «Procedimiento para la protección de los derechos fundamentales de la persona», regulado en los artículos 114-122 *quater* de la Ley 29/1998, de 13 de julio, reguladora de la Jurisdicción Contencioso-administrativa.

SEXTO.- OTROS REQUISITOS PROCESALES

Se cumplen todos y cada uno de los requisitos procesales exigidos por la ley, por lo que procede que en su día se dicte sentencia de conformidad con lo previsto en el art. 121 y, en lo que corresponda, en los artículos 67 y ss. de la Ley 29/1998, de 13 de julio, reguladora de la Jurisdicción Contencioso-Administrativa.

B) JURÍDICOS-MATERIALES (4)

I-[ESPECIFICAR]

II-[ESPECIFICAR]

III -[ESPECIFICAR]

Cabe mentar aquí la **sentencia del Tribunal Supremo n.º 957/2022, de 7 de julio, ECLI:ES:TS:2022:2800**, que establece que:

> «Así, la Sala viene diciendo que, **para acceder al procedimiento especial regulado en los artículos 114 y siguientes de la Ley de la Jurisdicción, basta con invocar uno de los derechos fundamentales susceptibles de tutela por este cauce**, invocación que puede hacerse con mención del artículo concreto de la Constitución o con la identificación del derecho que se considera infringido efectuada de cualquier forma que lo permita. Y que, además, **el escrito de interposición ha de señalar la disposición o la acción u omisión, o la inactividad o vía de hecho de la Administración a las que atribuye la vulneración alegada poniendo de manifiesto la relación de causalidad correspondiente**. No se trata --dice esa jurisprudencia-- de establecer un relato completo de los hechos sino de enlazar el objeto de la impugnación con el resultado lesivo de derechos fundamentales de un modo que no se revele a sí mismo como absurdo o imposible.
>
> Naturalmente, esas condiciones se podrán cumplir de una forma satisfactoria con pocas palabras en unos casos mientras que en otros serán precisas más explicaciones. Dependerá de cada caso. Ahora bien, la recta interpreta-

ción del artículo 115.2 de la Ley de la Jurisdicción no comporta más exigencias que las dichas y el juicio sobre la adecuación o inadecuación del recurso ha de limitarse a comprobar si satisface o no tales exigencias. No es propio del escrito de interposición entrar a argumentar más extremos, ni del control de la admisibilidad del recurso por razón del procedimiento entrar en cuestiones que afectan al fondo del litigio.

La circunstancia de que estemos ante un proceso especial pensado para brindar la tutela judicial preferente y sumaria que la Constitución quiere para los derechos fundamentales no debe conducir a extremar el rigor respecto del cumplimiento de los requisitos de interposición. Al contrario, ha de favorecer el acceso de quienes la pretenden».

Por lo anteriormente expuesto,

SUPLICO AL JUZGADO que tenga por presentado este escrito y por formalizada la demanda en el procedimiento de protección de los derechos fundamentales [NÚMERO], admita los documentos que se acompañan, y con estimación de la mismo, acuerde [DESCRIPCIÓN].

Es justicia que pido en [LOCALIDAD] a [DIA] de [MES] de [AÑO]

Ldo. (2).	Proc.
[NOMBRE_ABOGADO_CLIENTE]	[NOMBRE_PROCURADOR_CLIENTE]

OTROSÍ DIGO (5) que, de acuerdo con lo previsto en los artículos 60 y 120 de la Ley 29/1998, de 13 de julio, reguladora de la Jurisdicción Contencioso-administrativa, solicito el recibimiento del proceso a prueba, que habrá de versar sobre los siguientes extremos de hecho:

1.º [DESCRIPCIÓN]

2.º [DESCRIPCIÓN]

Igual justicia, fecha y lugar *ut supra*,

Ldo. (2).	Proc.
[NOMBRE_ABOGADO_CLIENTE]	[NOMBRE_PROCURADOR_CLIENTE]

(1) Vendrá determinado en función de las normas de competencia establecida en los artículos 8, 9 10, 11 y 12 de la Ley 29/1998, de 13 de julio.

(2) Según lo previsto en el 23 de la Ley 29/1998, de 13 de julio, reguladora de la Jurisdicción Contencioso-administrativa en sus actuaciones ante órganos unipersonales, las partes podrán conferir su representación a un procurador y serán asistidas, en todo caso, por abogado. Por otro lado, en sus actuaciones ante órganos colegiados, las partes deberán conferir su representación a un procurador y ser asistidas por abogado. Podrán, no obstante, comparecer por sí mismos los funcionarios públicos en defensa de sus derechos estatutarios, cuando se refieran a cuestiones de personal que no impliquen separación de empleados públicos inamovibles.

(3) En la relación de hechos se describirá, obviamente, el marco material en donde se entienda vulnerado alguno de los derechos fundamentales tutelados por la norma, siendo la casuística extremadamente amplia: una resolución de un proceso selectivo donde se ha vulnerado el principio de igualdad, un acuerdo que vulnere derechos de participación política o sindical,

actuaciones que comprometan la libertad ideológica o religiosa, registros que vulneren la inviolabilidad del domicilio...

(4) Se trataría de invocar aquí todos los argumentos jurídicos que sustenten la pretensión mantenida por el demandante, con indicación expresa del derecho fundamental vulnerado. Recuérdese que el procedimiento de tutela del artículo 53.2 de la CE, del cual deriva el procedimiento de los artículos 114 y siguientes de la LJCA, se refiere a los derechos del artículo 14 de la CE y a los recogidos en la sección primera del capítulo segundo (del título II de la CE), esto es, los consagrados en los artículos 15 a 29 del Texto Constitucional, aunque existen ciertas excepciones, por cuanto el derecho a reunión del 21 se protege por el sumarísimo cauce del 122 de la LJCA o la vulneración del 17 (derecho a la libertad) a través del *«habeas corpus»*.

(5) Por medio de otrosí podrá solicitarse también, en su caso, trámite de vista o conclusiones.

Escrito de alegaciones en procedimiento de amparo constitucional

Procedimiento: [DESCRIPCIÓN]

AL TRIBUNAL CONSTITUCIONAL

Don/Doña [NOMBRE_PROCURADOR_CLIENTE], procurador/a de los tribunales, en nombre y representación de **don/doña** [NOMBRE_CLIENTE], tal y como consta acreditado en las meritadas actuaciones, actuando en su nombre, bajo la dirección letrada del abogado/a **don/doña** [NOMBRE_ABOGADO_CLIENTE] del Iltre. Colegio de Abogados de [LUGAR], ante este tribunal comparezco y, como mejor proceda en derecho,

DIGO

Que en virtud de lo dispuesto en el artículo 52 de la Ley Orgánica del Tribunal Constitucional (LOTC), por medio del presente escrito vengo a formular alegaciones relativas al recurso de amparo interpuesto contra la sentencia firme n.º [N.º SENTENCIA] del Tribunal [NOMBRE_TRIBUNAL] de [FECHA_RESOLUCIÓN], resolutoria del recurso [N.º RECURSO], dándose por reproducidos, en este trámite, los hechos que constan en la demanda.

Que, respecto de la calificación de los hechos, esta parte considera que los descritos en los expositivos [NÚMERO], [NÚMERO], y [NÚMERO] vulneran los siguientes derechos fundamentales:

- Artículo 14: Principio de igualdad.
- Artículo 24.1: Tutela judicial efectiva.

ALEGACIONES (1)

PRIMERA.- En relación con la vulneración del derecho a la igualdad reconocido en el artículo 14 de la Constitución es evidente que [DESCRIPCIÓN].

SEGUNDA.- En lo atinente a la vulneración del derecho a la tutela judicial efectiva reconocido en el artículo 24.1 de la Constitución reiterada jurisprudencia [DESCRIPCIÓN].

Por lo expuesto,

SUPLICO al Tribunal Constitucional que admita el presente escrito de alegaciones, y dicte sentencia por la que se otorgue el amparo solicitado.

Es justicia que solicita en [LUGAR], a [FECHA]

Ldo.	Proc.
[NOMBRE_ABOGADO_CLIENTE]	[NOMBRE_PROCURADOR_CLIENTE]

(1) Especificar todas aquellas alegaciones que se consideren oportunas para reforzar los argumentos de la demanda, teniendo en cuenta que no podrá alterarse la pretensión de la demanda. En este sentido la **STC n.º 50/2003, de 17 de marzo, ECLI:ES:TC:2003:50** es clara cuando incide en que *«(...) el trámite de alegaciones sirve para poder reforzar los argumentos ya esgrimidos en el inicial escrito de demanda, ahondando en ellos, matizándolos, o contextualizándolos en otros hechos o circunstancias jurídicamente relevantes distintos de los aportados en aquel escrito inicial; pero en dicho trámite no es posible alterar de manera sustancial la pretensión ejercitada en amparo, transformándola o modificándola, ya que es sobre la misma sobre la que el Tribunal Constitucional pronunció su decisión de admisión a trámite del recurso»*.

TRIBUNAL CONSTITUCIONAL

FORMULARIO DE PRESENTACIÓN DE RECURSO DE AMPARO

RECURRENTE/S

RESOLUCIÓN O RESOLUCIONES RECURRIDAS

EN SU CASO, MEDIDAS CAUTELARES SOLICITADAS

Exponga con claridad y precisión la vulneración de derechos fundamentales que motiva la presentación del recurso de amparo (11.000 caracteres con espacios). En la demanda que se adjunte podrá argumentar con mayor extensión, si bien el contenido de la presente exposición permitirá al Tribunal, en su caso, descartar la concurrencia de la lesión constitucional.

Le rogamos se ciña al espacio disponible. Distribuya el contenido de su exposición en esta página y las siguientes, teniendo en cuenta que el tamaño total no puede superar los 11.000 caracteres con espacios.

v2

1

TRIBUNAL CONSTITUCIONAL

FORMULARIO DE PRESENTACIÓN DE RECURSO DE AMPARO

Continuación de la página anterior

FORMULARIO DE PRESENTACIÓN DE RECURSO DE AMPARO

TRIBUNAL CONSTITUCIONAL

Continuación de la página anterior

FORMULARIO DE PRESENTACIÓN DE RECURSO DE AMPARO

TRIBUNAL CONSTITUCIONAL

Exponga con claridad y precisión la cuestión de especial trascendencia constitucional que plantea el presente recurso de amparo (arts. 49.1 y 50.1 LOTC, en relación con la STC 155/2009, FJ 2) (4.000 caracteres con espacios). En la demanda que se adjunte podrá argumentar con mayor extensión, si bien el contenido de la presente exposición permitirá al Tribunal, en su caso, descartar la concurrencia de especial trascendencia constitucional.

FORMULARIO DE PRESENTACIÓN DE RECURSO DE AMPARO

TRIBUNAL CONSTITUCIONAL

Explique el modo en que se ha producido el agotamiento de la vía judicial previa (4.000 caracteres con espacios).

Made in the USA
Monee, IL
08 November 2026

67968601R00090